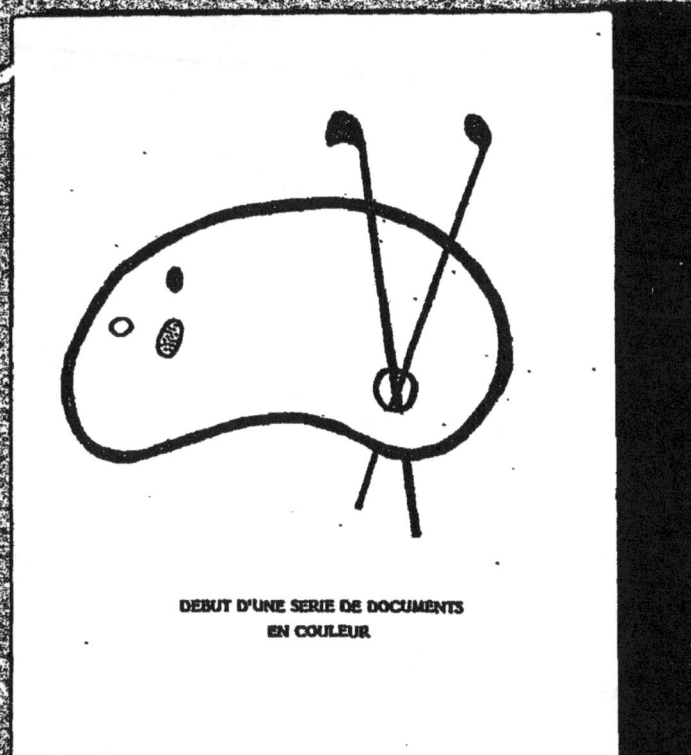

DEBUT D'UNE SERIE DE DOCUMENTS
EN COULEUR

DÉPÔT LÉGAL
Mayenne
180
1908

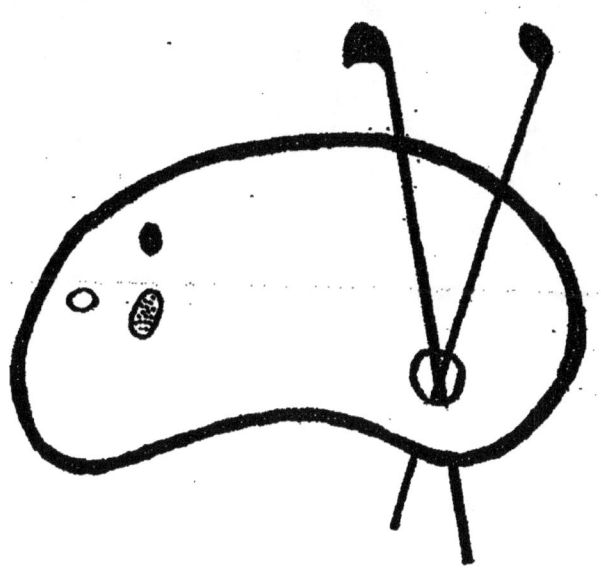

FIN D'UNE SERIE DE DOCUMENTS EN COULEUR

Nos Maîtres

Saint-Yves d'Alveydre

Nos Maîtres

Saint-Yves d'Alveydre

Par BARLET

Comprenant une table raisonnée de la *Mission des Juifs*
et des notions précises sur l'*Archéomètre*

THÈME ASTROLOGIQUE, PORTRAIT ET AUTOGRAPHE DE L'AUTEUR

> *Ut annuntient nomen Domini in Sion et laudem*
> *ejus in Jerusalem — In conveniendo populos*
> *in unum et reges ut serviant Domino.*
> Ps. 101.
>
> *Afin d'annoncer le nom du Seigneur à Sion et sa*
> *louange à Jérusalem — en rassemblant tous les*
> *peuples ensemble et les rois pour servir le*
> *Seigneur.*

PARIS
L'ÉDITION
4, RUE DE FURSTENBERG, 4

1910

Saint-Yves d'Alveydre

INTRODUCTION

Le 7 février 1909 quelques rares amis suivaient à travers les rues paisibles de Versailles, au milieu de l'indifférence publique, un convoi funéraire très simple. C'était celui d'un Maître encore en pleine possession de son génie, en plein travail pour l'achèvement de son œuvre, ravi beaucoup trop tôt à l'affectueuse admiration de ses disciples. La tombe refermée, au pied de sa croix cubique septénaire, ils se séparaient en silence, comme ils étaient venus, sans le moindre apparat, sans le plus petit mot d'adieu à celui dont l'absence leur allait être si pénible.

Telle était la volonté suprême du défunt, qui n'avait voulu près de lui, au départ de son âme, que ceux qui l'avaient assez comprise pour l'escorter dans le recueillement des espérances immortelles.

Quel éclat, quelle solennité n'aurait-on pas dus à cette cérémonie si l'on avait connu comme il le sera plus tard celui qui laissait l'humanité terrestre après l'avoir tant aimée et si magistralement éclairée !

Qu'il soit permis du moins, à l'un de ses moindres disciples, honoré depuis nombre d'années de son amitié, de lui rendre, d'un soin pieux et cordial, et du mieux qu'il le pourra, l'hommage d'une admiration et d'une affection complètes vouées dès le premier jour à ce génie aussi profond que superbe.

D'autres diront mieux les menus détails de sa vie intime que la malice envieuse s'est plu trop souvent à dénaturer, on ne veut faire ici que l'histoire d'une belle âme et d'un esprit trop grand pour être bien connu de qui ne l'a pas fréquenté.

Il est bien simple, du reste, presque banal, le roman de sa vie : une enfance révoltée contre la sévérité paternelle, une adolescence à peine réprimée par les rigueurs de la discipline militaire ; une jeunesse beaucoup plus agitée par les angoisses de l'esprit que par les passions du cœur ; une indépendance qui ne peut se satisfaire que dans le dénuement d'un exil laborieux; puis la conversion complète du sceptique révolté, à la lumière d'une science transcendante où tant d'autres se seraient aveuglés; et, dès ce moment, un labeur acharné d'ascète occupé tout le jour à l'acquisition pénible du pain quotidien par d'humbles travaux; les plus belles années écoulées dans cette vie de reclus qu'interrompent quelques mois seulement les devoirs sacrés envers la patrie envahie et malheureuse; puis, quand l'œuvre si longtemps mûrie est prête, les joies d'un mariage d'amour inespéré qui apporte avec lui titre, richesses, honneurs, toutes les satisfactions, toutes les ressources, toutes les relations qu'exigeait la Mission rêvée; son accomplissement brillant par la parole, par le livre et par l'acte; dans tous les milieux sociaux, depuis les plus élevés jusqu'aux plus humbles, les quelques années d'un triomphe éphémère et bientôt, selon le cours ordinaire des choses de ce monde, l'appauvrissement, presque la ruine un instant menaçante; les déceptions, les défections, la maladie, la mort de l'épouse aimée! Dans la retraite où il a fallu rentrer; le triste isolement du veuvage loin de tous les amis, le recueillement plus profond et plus laborieux que jamais jusqu'au dernier jour et dans l'attente de la vie future. Voilà en quelques mots le récit de cette vie cependant si remarquable.

Qu'a-t-elle en elle-même qui diffère des tribulations communes ? N'a-t-elle rien eu de plus heureux ou de plus durable que l'ordinaire, pour cet esprit si large, si élevé, si raffiné, qui semblait né pour toutes les grandeurs ?

— Si ! elle lui a donné des joies, des jouissances ineffables dont bien peu d'autres étaient capables, et elle les lui a données précisément au lendemain de ses plus cruelles souffrances ; après toutes les pertes, après les jours des plus dures privations de toutes les choses terrestres, les Cieux se sont ouverts pour ainsi dire pour cette grande âme passée au creuset du malheur. La retraite de Versailles a été le début d'une apothéose véritable. Mais cet épisode des dernières années ne peut pas être publié dans ses détails sans être défloré : intéressant presque uniquement pour celui qui en pouvait ressentir les joies suprêmes ou les amertumes mystiques, il doit être respecté par ce même silence discret, solennel et religieux que le Maître a voulu pour ses funérailles. Aussi bien, l'œuvre toute spirituelle qu'il mûrissait dans cette retraite presque ultra-terrestre n'a pu être achevée, elle eût par trop dépassé les limites de son œuvre principale si avancée déjà sur les pensées et la conception de son temps.

Bornons-nous donc à dire comment cet esprit supérieur qui a traité si magistralement les pressants problèmes de notre temps, a vécu, s'est développé, s'est épanoui et quels fruits précieux il nous a laissés en héritage. Pour le reste, quelques mots nous suffiront à comprendre comment les grandes leçons d'une vie qui a connu toutes les épreuves peuvent servir à élever une âme pour la vie éternelle.

L'HOMME

Joseph-Alexandre Saint-Yves est né à Paris, le 26 mars 1842, à une heure du matin ; son père, Guillaume-Alexandre Saint-Yves, était médecin-aliéniste.

La date de cette naissance correspond au sixième degré de la constellation du Bélier ; elle indique une supériorité qui procurera des honneurs, mais qui entraînera aussi de nombreux dangers.

En interrogeant plus en détail le thème astrologique de nativité[1], on est immédiatement frappé de l'impor-

---

1. Voici les données de ce thème :
Ascendant = 20°33' du Sagittaire.
Maison II = 0°31' du Verseau.
Maison III = 15°50' des Poissons.
Maison IV = 20°40' du Bélier.
Maison V = 14°50' du Taureau.
Maison VI = 3°40' des Gémeaux.
Le Soleil à 6°2' du Bélier ; — Vénus à 11°21' du Bélier ; — Mars à 0°22' du Taureau ; — la Lune à 12°55' de la Balance ; —

tance exceptionnelle de la troisième maison, région qui correspond aux facultés intellectuelles : Uranus, la planète principale, s'y joint, dans les Poissons, à Mercure, au Soleil et à Vénus ; Saturne, génie de la réflexion profonde, est près de se lever à l'horizon. Expression nette d'une intelligence très-remarquable, aussi élevée que profonde, aussi artistique que religieuse ou savante. Neptune, entre Uranus et Jupiter joint à Saturne, dénote des tendances toutes particulières aux sciences mystérieuses : Le Méridien dans le signe de la Balance annonce l'équilibre dans l'abondance de ces facultés. On voit là toutes les ressources de l'esprit à la disposition de l'enfant qui vient de naître, avec une prééminence très marquée de tendances religieuses larges et indépendantes.

Quant au caractère, le Soleil en pleine exaltation dans le signe du Bélier dont Mars occupe l'extrémité, et le signe du Sagittaire au Levant, montrent clairement un esprit chevaleresque de solaire martial ; magnanime, confiant dans sa propre puissance, anxieux de consacrer toute son activité à la diffusion des beautés et des principes les plus sublimes. Joint à des facultés intellectuelles si riches, ce présage donnait l'image d'un de

---

Saturne à 13°35' du Capricorne ; — Jupiter à 19°12' du Sagittaire ; Neptune à 19° du Verseau ; — Mercure, à 8°37' des Poissons ; — Uranus à 24°26' des Poissons ; — le signe de fortune à 13°50' des Gémeaux.

ces bardes celtiques qui ne quittaient la harpe que pour le combat en faveur de l'éternelle justice, ou, plus près de nous, celle de ces illustres et mystérieux Templiers dont la mémoire fut si chère à Saint-Yves.

Il ne devait être guère plus heureux que ces grands modèles, car les brillantes promesses de son thème étaient mêlées de beaucoup d'ombres : Sans doute l'Épi de la Vierge au haut du méridien annonçait honneurs et fortune, mais Mercure, Jupiter, Vénus, Mars sont infirmés par la situation la plus défavorable. Toutes les planètes sont sous l'horizon; seule la Lune, dans la plénitude de son éclat, plane au milieu du Ciel, dans la Balance, annonçant qu'une femme remarquable jouera un grand rôle dans l'avenir de l'enfant; mais des influences malheureuses s'ajoutent à cette faveur; Saturne lance sur cette direction les rayons les plus néfastes, contrariant en même temps l'heureuse influence de Mercure, de Jupiter et de Vénus.

Les grandeurs promises, les accomplissements glorieux, attendus pour tant de talents, seront entravés de difficultés nombreuses, d'oppositions, de calomnies, de vicissitudes qu'Uranus affirme encore. Neptune, par sa situation, dit aussi que presque tous les plans échoueront; le Sagittaire à l'horizon annonce les deux extrêmes de fortune et d'infortune; Mars en IVe maison menace de grands troubles à la fin de la vie : l'intelligence même souffrira des agitations du doute et le mysticisme en sera tout assombri; c'est ce qu'annonce la discordance de Saturne en son domicile nocturne avec le Soleil, la Lune, Vénus et l'horizon.

L'ardeur du caractère ne sera pas étrangère à ces déboires ; le thème dit, par les mêmes configurations, l'indépendance intransigeante ; Mars, en exil à l'entrée du Taureau, est, par ses rapports discordants avec Mercure, Jupiter, le signe de fortune et le Levant, l'indice d'une obstination violente et très préjudiciable.

L'enfant en devait souffrir dès ses premières années, car la même planète défavorable occupant seule la quatrième maison menaçait de rapports fort pénibles avec le père.

Aucun de ces présages ne devait manquer de s'accomplir :

Autant le fils se montrait indépendant, autant le père déployait de rigueur pour le dompter ; le conflit de ces deux volontés inflexibles rendit l'enfance de Saint-Yves très malheureuse. Son père crut pouvoir triompher de cette jeune âme en substituant à la discipline impuissante du collège la geôle d'un pénitencier : à treize ans, notre futur maître fut conduit à Mettray.

Singuliers détours de la Providence, dans cette vie où tout devait être singulier ! Il semblait qu'une pareille imprudence ne pût produire sur cette âme fière et impétueuse par excès de justice, qu'une incurable férocité ou une résignation stupide, et voici qu'au contraire, elle y va trouver le salut et la voie de sa vie tout entière :

« Je m'attendais à un geôlier, nous dit Saint-Yves,
« presque à un bourreau, et je me jurais de me rendre
« libre ou de me tuer. Quand j'arrivai à Mettray, tous
« mes plans furent renversés comme un château de
« cartes.

« Jamais homme vivant n'a fait sur moi une impres-
« sion pareille à celle que me produisit M. de Metz.

« C'est qu'en effet, un saint était devant moi, dans
« un vieillard grave et charmant, dans un gentilhomme
« accompli. » (*Pro domo*, page 61.)

Ce psychologue extraordinaire avait compris dès l'abord les élans exagérés du jeune captif ; non seulement il fut assez fort pour résoudre de lui rendre les rênes en le traitant par l'amour et la bonté, mais il se fit même le sauveur de cette enfance et la providence de son avenir, par une haute initiation religieuse tout à fait apte à faire éclore les talents en effervescence dans ce jeune cerveau.

De Metz fut véritablement le père spirituel de Saint-Yves.

Le jour de son entrée à Mettray marque pour lui une crise précieuse sur laquelle il faut insister:

C'est la première phase de sa conversion ; l'influence en est due à ce que la discipline intelligente et cordiale de de Metz se fondait sur un principe très profond : celui du rôle véritable de la volonté.

La volonté humaine représente sur terre la volonté universelle ; tout gouvernant, quel qu'il soit, chargé de diriger cette volonté, dans la société aussi bien que chez l'individu, doit l'éclairer, non la contraindre. Il n'y a réellement qu'une puissance au monde qui ait le droit et le pouvoir de s'imposer, c'est l'*autorité*; la force n'appelle que les réactions violentes de la volonté; l'autorité la soumet en la laissant libre.

Saint-Yves a senti déjà, dans la perspicacité de son jugement, cet important principe, il ne l'oubliera jamais, et plus tard, quand il l'approfondira, éclairé par la chaleureuse bonté de de Metz, il en fera l'âme même de son œuvre sociale.

Pour le moment, il en est surtout à cette formule que son maître lui fournit :

« Tout par la liberté, rien par la contrainte. » (*Pro domo*, 61.)

Deux ans après son entrée à Mettray qu'il quitte la mort dans l'âme, convaincu, mais non dompté, il rentre un peu plus résigné dans la discipline du lycée dont il assimile avec aisance la nourriture intellectuelle pour en ressortir diplômé, mais révolté comme devant:

« Hélas, le retour sous ces mêmes jougs ralluma
« toutes mes rébellions. Après le diplôme de bachelier,
« une grossièreté d'un maître lui valut une provoca-
« tion de ma part. » (*Id.*, p. 70.) L'incurable aveuglement du père ne vit de remède que dans un surcroît de rigueurs.

« Craignant de me laisser seul étudiant à Paris, mon
« père me fit engager de force plusieurs années avant

« ma majorité. » A dix-huit ans, le voilà condamné à la double affliction de l'exil et d'une discipline brutale dans l'un des régiments les plus pénibles, celui de l'infanterie de marine.

« Entré dans l'armée par la porte répressive, dépaysé
« au loin dans un monde inconnu, révolté jusqu'au
« fond de l'âme par ces sévérités, je me trouvais comme
« dans une cage d'acier, et j'appelais la liberté ou la
« mort. »

Une nouvelle intervention de de Metz sauva la pauvre âme une seconde fois du naufrage. Saint-Yves obtint de se consacrer à la médecine navale à l'école de Brest; ce milieu plus approprié à ses sentiments et à ses facultés lui rendit la paix du cœur.

Enfin à vingt-deux ans, grâce à une grave maladie contractée dans son service, un congé le dégage, et le voici tout à fait indépendant, libre de ses actes et de sa pensée.

Alors, commence le second cycle de sa vie : celui de l'étude et du doute.

Il se consacre à la science dans l'existence simple et rigoureuse d'un pauvre professeur libre, exerçant à l'étranger. Retiré à Jersey, au milieu des réfugiés politiques du second Empire, il laisse enfin s'épanouir au plein soleil de l'indépendance les qualités propres de sa rare intelligence, sans se laisser distraire par l'ardent sectarisme de ses compagnons.

Cinq ans de cette vie sévère et laborieuse vont commencer à transformer ce caractère indomptable ; c'est comme l'athanor où l'or pur va s'arracher aux matières communes.

Mais il n'avait pas oublié ce que son cher maître lui avait promis : « Toute votre vie, je serai en pensée avec
« vous, et je serai en personne avec vous quand vous
« m'appellerez. » Il était bien décidé à en suivre les préceptes :

« Allez jusqu'au bout de votre raison, jusqu'aux der-
« nières limites de votre liberté. Puisque vous aimez
« en moi la bonté, vous verrez qu'elle est encore plus
« intellectuelle que morale... Le passé et l'avenir du
« Christianisme, c'est la bonté divine passant à l'état
« de système intellectuel et social de l'humanité.

« L'humanité est le corps de Dieu visible ici-bas :
« travailler pour elle, c'est vivre, se mouvoir et se sen-
« tir en Lui, depuis les plus glorieux, jusqu'aux plus
« humbles efforts.

« La France a un testament à reprendre, mais il est
« social. Il n'émane pas d'un homme ni d'un gouver-
« nement, mais de la nation tout entière ; vous le trou-
« verez dans les États généraux.

« Il encourageait mes études en me disant que si
« j'arrivais à démontrer la loi d'union des hommes de
« droite et des hommes de gauche dans une même
« pensée sociale, dans un même battement de cœur,
« j'aurais bien mérité de la patrie et de l'humanité. »

Enfin il ajoutait :

« Préparez-vous longtemps par l'étude avant de rien
« publier. Quels livres utiles vous pourrez faire alors ! »
(Pro domo, 75 à 78.)

C'était tout un plan, Saint-Yves le réalisera d'autant mieux qu'il va l'aborder en toute indépendance et qu'il ne le comprendra bien qu'après avoir erré longtemps alentour. Car, si son cœur a trouvé la paix dans l'indépendance, son esprit est encore enchaîné par le doute et se révolte à son tour.

Il ne se cacha pas du reste de son scepticisme, justement confiant dans la sollicitude de ce sage.

« Mon cœur, disait-il à son maître, ne cessera jamais
« d'être avec vous, mais quand donc la pensée et le
« sentiment cesseront-ils de déchirer mon esprit ? Mais
« sachant qu'une vocation purement intellectuelle me
« travaillait, il en respectait l'éclosion comme l'eût
« fait une mère. »

Voilà dans quels sentiments Saint-Yves arrivait à Jersey : « La poésie des cérémonies et la paix d'âme des
« gens d'Église plaisaient toujours à mon cœur, l'Évan-
« gile et les Prophètes m'étonnaient ; je faisais tou-
« jours ma prière matin et soir avec la foi du charbon-
« nier, et le souvenir de M. de Metz restait devant
« moi comme le sphinx lumineux de la charité. En
« dehors de cela, j'étais un petit-fils de Descartes et de
« Voltaire. Dès que je raisonnais, ma foi ne se tenait
« plus debout et je n'y trouvais qu'obscurité com-
« plète...

« Sur la foi des encyclopédistes, des exégètes alle-
« mands, et même des théologiens du moyen âge et
« de nos jours, je regardais le Judéo-Christianisme
« comme une sorte de doux rêve éveillé que le soleil
« scientifique des temps nouveaux devait faire évanouir
« en mysticité impondérable. » (*Id., id.*, 67, 68.)

Et ces doutes, ces embarras vont mettre plus de vingt ans à s'éclaircir. Il le rappelle en termes qui caractérisent on ne peut mieux l'esprit de son œuvre :
« Pendant plus de vingt ans, l'Universalité et le Chris-
« tianisme luttèrent dans mes méditations avant d'y
« faire un pacte, comme l'Ange avec Jacob. » (*Id.*, p. 65.)

De Metz lui avait signalé trois auteurs propres à éclairer ses doutes : Joseph de Maistre, de Bonald et Fabre d'Olivet, signalant le dernier comme « un puissant
« esprit fourvoyé hors la foi chrétienne, dans celle du
« paganisme.

« Je dois dire à ma honte, raconte Saint-Yves, que
« ce signalement, loin de me refroidir, m'avait en-
« flammé pour cet auteur. Un païen religieux en
« plein XIX° siècle! Cela répondait à mes curiosités
« aventureuses, à mes soifs de liberté et d'examen.
« Aussi, faisant peu de cas de Joseph de Maistre et de
« Bonald, j'avais une insatiable envie de lire d'Oli-
« vet. »

Voilà désormais son guide, la vaste érudition de cet auteur séduisait autant que le mystère son esprit si avide de connaissance. Il se plongea avec ardeur dans l'étude de ce païen moderne: « J'avais soif, dit-il, de ce sublime restaurateur de la philosophie religieuse des Grecs et des Romains. »

Les compagnons de sa retraite dont il savait éviter les passions politiques lui fournissaient en même temps des enseignements précieux sur la vie sociale.

« Principes, doctrines, aspirations générales, senti-
« ments généreux de ces proscrits, je ne me lassais pas
« d'entendre tout ce qui s'agitait en eux. La fraternité
« évangélique régnait le plus souvent entre leurs diffé-
« rents clans, mais elle leur faisait défaut, et pour cause,
« en ce qui regardait l'Empire. » — « J'appris ainsi que,
« pour des divergences d'idées, les hommes de notre
« pays étaient capables de s'accabler de toutes les
« injures et de s'accuser de tous les crimes, j'en éprou-
« vais toujours un serrement de cœur comme à une
« fausse note de musique. »

Pendant quatre ans, passés tant à Jersey qu'au milieu des trésors du British Museum, son esprit se nourrit avec joie dans une revue encyclopédique des connaissances humaines; il était trop synthétique pour en être troublé; cependant il n'en était pas maître non plus.

« Comment concilier l'Universalité encyclopédique
« et historique avec le Judéo-Christianisme, et alors
« où est le caractère scientifique qui les unit? Com-
« ment et par quelle loi accorder la circonférence avec
« le centre et le rayon. Comment les laisser sans accord?

« Pour dire : je crois, il me fallait dire : je suis cer-
« tain, et pour arriver à la certitude, il me fallait trou-
« ver la loi de l'histoire dans le mouvement judéo-
« chrétien.

« Tel est le redoutable problème qui occupa toute
« ma pensée et toute ma vie...

« L'histoire demeurait devant ma pensée comme un
« corps sans vie, sans verbe, sans loi vivante intrinsè-
« que au fait. Je restais sans type social rationnel pour
« conclure une synthèse que je voulais refaire sur un
« axe et sur un plan nouveau.

« Quand j'exposais mes perplexités à mon vénéré
« maître chrétien, il me conseillait toujours d'appro-
« fondir les deux testaments de l'histoire de France. »
(*Pro domo*, p. 119.)

L'heure n'était pas encore venue pour lui de comprendre toute la portée de ce conseil; il y fallait encore
plusieurs années de labeur et de souffrances.

Cependant voici que les joies de cette douce retraite
sont interrompues brutalement : la patrie succombe,
Paris est assiégé; Saint-Yves accourt reprendre le service dont il était dispensé; Mars se réveille en lui et
lui vaut quelques distinctions dans le modeste grade
d'aide-major qui suffit à son dévouement.

La paix signée, il fallait vivre ; l'aigle est enfermé,
par son destin cette fois, dans la cage d'un ministère;
doublement captif : par l'exiguïté de ses ressources et
par les fonctions qui les lui procurent. « Des amis,

« dit-il, m'avaient fait entrer au ministère de l'Inté-
« rieur ; grâce à cela, j'étais au large étant donné mes
« goûts. Mais je ne pouvais rien publier dans le sens
« de mes missions et de mon présent livre sans com-
« promettre mon pain quotidien, et d'ailleurs j'étais
« loin encore des dispositions d'âme et d'esprit que
« Dieu m'a accordées depuis. » (*Id.*, p. 21.)

Puis les douleurs se multiplient, l'isolant de plus en plus : sa mère, son frère et, par surcroît, son guide si aimé et si précieux, de Metz, lui sont enlevés par la mort. C'est peut-être le moment le plus sombre de sa vie ; le découragement s'empare de lui ; il essaye, un instant, de s'étourdir par le plaisir ; mais on pense ce qu'y pouvait trouver une âme si fortement trempée dans la solitude, un esprit nourri de si grandes pensées et si recueilli ; une nature aussi sauvage. On ne s'étonnera donc pas du désespoir qu'il nous raconte lui-même :

« Dégoûté non des hommes, mais de tout ce qui
« les divise, sans aucune ambition de carrière ni de
« fortune, je me sentais l'âme d'un mort parmi des
« vivants dans l'existence et dans l'arrangement des-
« quels ma pensée ne s'incarnait point. » (*Pro domo*, 124.)

C'est pourtant l'époque de sa vie sur laquelle la calomnie s'acharnera tout particulièrement au jour de son succès. Faut-il parler ici d'un libelle qui fit quelque bruit dans son temps par les calomnies dont il était rempli? Faut-il prendre la peine de ramener à leur juste proportion les rares caprices de cette jeunesse laborieuse qui ne la troublaient pas plus que la feuille morte ne ride, en y tombant, le miroir d'une eau paisible? Non, sans doute, il y a répondu suffisamment lui-même en tête de sa *France vraie*, et ce serait donner bien inutilement un regain d'existence à cette vengeance d'une femme ambitieuse, amoureuse et jalouse; pauvre Viola que Zanoni terrifiait ; pauvre colombe éprise de l'aigle et qui avait compté, portée par lui, participer à sa gloire ! C'est parler bien trop déjà des outrages de ce dépit maintenant oublié ; revenons aux grandes pensées qui occupaient tout entière l'âme de Saint-Yves.

Cette période de pénibles ténèbres ne fut cependant pas encore dénuée d'enseignements précieux pour lui; il les trouva dans ses humbles fonctions : « Pendant
« les six ans que j'ai passés au ministère, j'étais litté-
« ralement saturé de politique. Avec mes camarades,
« j'avais eu tout d'abord à lire les journaux anglais,
« puis ce fut notre presse provinciale, et enfin, celle de
« Paris. Ma pensée toucha ainsi successivement nos
« périls du dehors et du dedans, toutes nos divisions,
« et, par suite, toutes nos impuissances. » (*Id.*, 124.)

Mais nous touchons à la fin de cette triste période, et selon le destin ordinaire de Saint-Yves, révélé par son horoscope, il en sortira tout à coup pour entrer dans l'ère de sa plus grande prospérité; fortune, triomphe et gloire l'attendent pour quelques années ; c'est l'apogée de son existence.

Nous sommes en 1878. Le jour de l'action est enfin venu.

Tout est prêt pour l'apostolat ; la parole, longuement pesée dans le silence des inspirations idéales et de la réflexion savante, n'a plus qu'à s'incarner pour manifester sa puissance réelle.

Comment lui trouver un corps dans ce monde matériel où tout se paye, même l'esprit, qui lui-même, au contraire, n'est guère payé?

Saint-Yves est pauvre, et l'œuvre spirituelle n'a guère de valeur sur le marché. Qui va publier pour lui ces milliers de pages dont il a besoin?

Saint-Yves est humble, simple employé de ministère vivant de ses maigres appointements, quelle heure peut-il trouver pour son apostolat, ou comment lui sera-t-il toléré dans la geôle administrative?

Saint-Yves est un solitaire ; c'est à peine s'il connaît quelques littérateurs en renom que sa science et ses talents trouvent plus indulgents que protecteurs. Qui va lui permettre d'aborder les plus hautes puissances du monde auxquelles il doit s'adresser : les gouvernants et les princes? (*France Vraie*, p. 123.)

Sentant cette impuissance, il s'en désespérait. « Je songeais même, dit-il, à entrer chez les trappistes pour y mourir tout entier, sans laisser une trace de mes convictions. » (*France Vraie*, p. 124.)

Mais Saint-Yves dans la solitude, pauvre, humble et laborieux, a travaillé pour la Providence, et le jour où il est prêt à agir pour Elle, Elle lui donne abondamment tous ces instruments temporels qui plus tard ne pouvaient que l'embarrasser : fortune, relations, honneur, tout va lui être confié pour le temps complet de son apostolat, et, récompenses admirables ! tout lui est donné par l'Amour et avec Amour !

C'est l'heure de son mariage avec celle qu'il ne cessera, jusqu'à son dernier soupir et dans tous ses livres, de proclamer l'Ange de sa vie ! C'est alors qu'il écrira : « Je ne demande pas au bon Dieu dans le ciel d'autre « paradis que celui qu'il m'a donné sur terre ! » (*France Vraie*, p. 36.)

« Sauf deux ou trois salons, nous dit-il encore, où je « trouvais une puissante vie intellectuelle et morale, le « vrai monde ne m'attirait guère plus que le faux. »

Au nombre de ces salons était celui du bibliophile Jacob, à la Bibliothèque de l'Arsenal, où venait souvent aussi son frère, Jules Lacroix, l'illustre traducteur de l'*Œdipe*. Dans ce milieu, Saint-Yves était particulièrement apprécié par les deux savants, autant pour l'étendue de sa vaste érudition que par ses aperçus originaux sur l'antiquité qui lui était familière. On aimait à l'entendre développer ses thèses avec ce charme de diction et cette chaleur de parole convaincue qui lui étaient propres.

C'est là qu'il fut présenté à Mme la comtesse de Keller. Elle subit d'autant plus vivement l'attrait de cette âme élevée et poétique qu'elle-même, douée d'une intelligence supérieure, avait pénétré bien des mystères, recueilli dans les pays du Nord bien des secrets précieux, appris même, auprès des trônes les plus élevés, à connaître les dessous de cette politique que Saint-Yves rêvait de purifier et de rénover.

Lui aussi fut rapidement épris de la vive intelligence, de la bonté si simple, si naturelle, de la noblesse majestueuse de celle qui l'avait distingué.

Il faut avoir fréquenté l'un et l'autre; il faut avoir connu le charme de leur compagnie pour savoir combien ces deux âmes supérieures devaient vibrer en harmonie, pour comprendre l'inévitable attraction qui devait les rapprocher, pour apprécier la sincérité des termes dans lesquels Saint-Yves parle partout de sa compagne.

Inutile de dire qu'aucun intérêt d'ordre matériel n'avait décidé de cette union. Elle apportait cependant à Saint-Yves tous les avantages temporels nécessaires à son œuvre : la fortune, le rang, les relations les plus hautes et les plus étendues ; elles mirent l'auteur des *Missions* en rapport avec les personnages les plus éminents de la religion et de la politique dans toute l'Europe, et même en Orient, comme on le verra bientôt.

Ses ennemis lui ont reproché le titre de noblesse qu'il reçut alors; il était nécessaire à la pénétration même de ce monde de puissants qu'il avait si grand intérêt à atteindre. Mais à quoi l'envie ne s'est-elle pas attaquée pour mordre à son bonheur ?

On lui a fait un grief encore d'avoir tenté la fortune ailleurs, par une industrie qui avait pour but d'utiliser les algues marines, sous les nombreuses applications dont elles sont susceptibles. Il s'en explique très simplement :

« L'idée scientifique était juste, l'idée humanitaire
« était meilleure encore. Les populations de nos côtes
« sont extrêmement pauvres à côté d'une mer que je
« persiste à indiquer comme une source de richesses
« agricoles, industrielles, commerciales, sans parler des
« trésors mécaniques, minéraux et même métalliques,
« l'argent entre autres. L'ignorance seule peut dou-
« ter de cela. Je dégageai plus de trente applications
« des seules plantes marines qui ne me valurent que
« des médailles d'or et d'argent, de grandes pertes et la
« raillerie des fainéants et des sots. » (*Pro domo*, p. 125.)

Cette tentative malheureuse avait encore un autre mobile non moins délicat. Saint-Yves est saisi d'un scrupule ; il voulait s'excuser, pour ainsi dire, auprès de la Providence, pour avoir reçu la fortune et des facilités qu'il n'avait pas même rêvées ; il y ajouterait donc quelque chose de lui-même en multipliant par son travail et son génie ces richesses inespérées. Cette résolution savait, on le voit, se concilier avec ses projets humanitaires.

Sa gratitude devait s'exprimer bien autrement que

par un succès industriel; elle se traduira par tout l'ensemble de son œuvre sociale. Et quand cette œuvre sera terminée, tous les bonheurs lui seront retirés comme ils étaient venus, brusquement : fortune, relations, succès, jusqu'à la femme aimée, il perdra tout et sera replongé dans la retraite douloureuse où ses œuvres doctrinales se formeront sans pouvoir aboutir.

Mais dix ans nous séparent encore de cette triste fin; pour le moment, voici notre marquis installé dans le seul cadre qui convint véritablement à la finesse artistique de son caractère, à sa majesté native. C'était une joie de le voir dans la retraite princière de ce petit hôtel de la rue Vernet où ses amours légitimes avaient installé leur nid.

Véritable palais de l'art, discret, intime, où les chefs-d'œuvre s'harmonisaient en une unité si heureuse qu'on en oubliait le luxe pour n'y ressentir que la majesté du Beau et de l'Intelligence révélée par leur distribution.

Au-dessus des riches tapisseries qui ménageaient dans les escaliers une lumière discrète et mystérieuse; au-dessus de cette galerie de tableaux dont le charme compensait les limites resserrées, se trouvait une pièce plus simple, plus intime encore, mais non moins saisissante par son recueillement et sa disposition : la bibliothèque du Maître, toute remplie de ses livres préférés et des instruments de ses travaux mystérieux.

C'était là que loin de tout bruit, dans la paix d'un

silence heureux, sur un bureau fort simple faisant face à l'immensité du ciel d'Orient, il venait étudier, méditer encore, reprendre, comme à l'abri du luxe lui-même, la vie d'ascète de Jersey, achever de faire éclore les grandes pensées qui l'occupaient depuis près de trente ans.

C'est là aussi que va s'accomplir la conversion définitive. L'amour va finir d'ouvrir à la pleine lumière du Christianisme ces yeux que le sage et bon de Metz n'avait pu fortifier tout à fait. La lutte de Jacob est achevée ; l'aube se lève et le patriarche reconnaît enfin son adversaire divin !

Sans cela les *Missions* n'étaient pas possibles. Saint-Yves consacre en effet, dans cette heureuse solitude, deux années encore à la méditation pour achever l'unité de sa vaste érudition.

Enfin la synthèse apparaît !

« L'invincible logique de l'histoire me forçait à ra-
« mener tous les mouvements sociaux et les gouverne-
« ments, comme autant de rivières venues de diverses
« montagnes, dans le fleuve de la vie du Judéo-Chris-
« tianisme, source depuis Abraham, torrent depuis le
« Sinaï, artère centrale de l'Humanité depuis le Cal-
« vaire.

« Enfin, montant du sentiment mystique dans l'in-
« tellectualité pure, non seulement ma foi chrétienne
« se changeait en certitude, mais je pouvais la démon-
« trer rigoureusement à toute raison, en la transposant

« à volonté de l'ordre religieux dans toute l'histoire
« sociologique de l'Humanité. »

Aussi, quelle n'est pas sa joie quand il aborde à pleines voiles dans ce pays de ses rêves !

« Enthousiasmé jusqu'à l'extase absolue par l'impor-
« tance de ce que je voyais si objectivement, j'eus
« peut-être le tort de le dicter au lieu de l'écrire. »
(*Pro patria*, p. 148, I.)

Il n'avait publié jusqu'alors que quelques opuscules qui témoignaient encore de ce que l'on pourrait appeler le paganisme de la pensée. Maintenant, voici son œuvre capitale, les véritables enfants de son génie :

Mission des Souverains, en 1882 ;

Mission actuelle des Ouvriers, la même année ;

Mission des Juifs, en 1884.

C'est aussi pour Saint-Yves le temps de la plus grande activité et de la confiance la plus complète dans le succès. Dès que la première de ses *Missions* a paru, il entreprend d'en appuyer la publication par des conférences qu'il va faire lui-même à travers toute l'Europe.

« La même année 1882, je continuai mon œuvre par
« la parole. A Bruxelles, dans la grande salle de l'hôtel
« de ville, je démontrai la loi de la paix continentale à
« un millier d'hommes d'élite de toutes les nations.
« Mon plan était de faire la même chose dans les capi-
« tales de toutes les petites puissances pour les amener

« à se constituer en Sénat européen sous le protecto-
« rat de la France et de la Russie d'abord. »

Après l'apparition de la *Mission des Ouvriers*, ce fut en France, dans les réunions publiques, qu'il essaya de propager l'application de la synarchie au gouvernement intérieur du pays, en commençant par l'élection d'une chambre économique distincte.

Mais ces idées étaient trop nouvelles, trop savantes aussi pour être comprises d'un public asservi aux passions des partis politiques; Saint-Yves ne savait pas descendre aux complaisances ou aux subterfuges propres à canaliser ces passions, même pour le bien.

Ses campagnes n'eurent pas le succès qu'il en attendait; résolu à les reprendre sur un autre plan moins direct, il s'entoura de quelques disciples convaincus de la synarchie, afin de fonder avec eux des institutions au moins préparatoires.

« En 1885, dit-il, je réunis quelques amis pour tra-
« vailler ensemble à la paix sociale de mon pays, par
« l'action et non plus seulement par la parole. Il en
« sortit un projet d'union entre les différentes classes
« économiques de France, projet que nous nous propo-
« sions de répandre et de soutenir devant un Congrès à
« Paris. En janvier 1886, sous la présidence de M. Mil-
« het-Fontarabie, sénateur, plus de deux cents syndi-
« cats ouvriers dans la salle de la rue de Lancry nous
« entendirent... nous n'en reçûmes qu'applaudisse-
« ments.

« Je proposai à mes amis d'adopter le seul procédé
« légalement possible, celui de la formation de la
« Presse économique et professionnelle de France en
« syndicat. »

C'est ce qui fut exécuté en effet. Mais c'était un jeu pour l'habileté pratique des professionnels de la politique que d'absorber ce mouvement naissant qui pouvait leur créer des embarras sérieux. Les démarches du syndicat nouveau furent accueillies avec la plus grande faveur; tous les ministres auxquels il présenta ses décisions ne manquèrent pas de protester qu'elles avaient tout leur agrément, qu'elles étaient assurées de leur appui; bref Saint-Yves fut partout couvert des fleurs officielles et parvint, ainsi comblé, jusqu'au chef de l'État, lui-même. C'était le sommet du Capitole, d'où M. le Président de la République fit, par persuasion, précipiter le tout dans le gouffre d'une pétition aux Chambres. Inutile de dire qu'il n'en fut plus jamais question.

Saint-Yves avait eu soin de répandre dans le public dix mille exemplaires de cette même pétition, mais les partis politiques ne prêtaient aucune attention à des projets qui ne pouvaient les servir immédiatement.

Après cette série d'efforts inutiles, il reprit la plume pour un nouveau développement plus explicite, plus précis, plus national aussi, de sa doctrine:

La France Vraie (ou Mission de la France), qui parut en 1887, montrait la synarchie non seulement préparée, mais réalisée et entretenue en notre pays pendant plus de quatre siècles (du XIII° au XVII°).

Un peu plus tard, en 1889, Saint-Yves profita du centenaire de notre Révolution pour rappeler, par quelques brefs poèmes, au public et surtout aux souverains convoqués à nos fêtes, les grandes lois sociales qu'il leur avait exposées sept ans auparavant.

Ces petites œuvres sont:

Le Centenaire de 1789 et sa conclusion;

Le Poème de la Reine;

Maternité royale et Mariages royaux;

L'Empereur Alexandre, épopée russe.

Enfin, par un dernier effort, il tenta de présenter la synarchie sous la forme d'un poème épique national: *Jeanne d'Arc victorieuse,* publié en 1890.

Mais que peut-on attendre d'une épopée en notre siècle si positif, si réfractaire à toute poésie, si opposé, comme il ne l'a que trop montré depuis, à nos gloires militaires même les plus nationales?

La thèse nouvelle et singulière soutenue dans ce poème, la science dont elle est remplie, avaient tout à gagner à se présenter sous la forme sévère d'une œuvre didactique; mais Saint-Yves avait, on l'a dit, le tempérament du barde; plus sa pensée s'élevait, plus il éprouvait le besoin de la traduire en chants héroïques. Ses œuvres posthumes sur la Bible sont encore des poésies.

Ses succès véritables étaient d'une autre nature. En

1894, la lecture de la *Mission des Juifs* parvenue jusqu'aux retraites les plus cachées de l'Inde lui valut la visite spontanée d'un Guru Pandit qui demeura auprès de lui plusieurs mois et compléta ses connaissances déjà si vastes, par la révélation des mystères initiatiques de l'Inde.

Elle lui fut d'autant plus précieuse que, loin de modifier aucune de ses convictions, elle les confirmait toutes ; il n'en pouvait plus douter, il était bien en possession de la science ésotérique, source unique et supérieure de toutes les autres.

Dans la joie de cette confirmation il écrivit, aussitôt après cette visite, un livre nouveau : *la Mission de l'Inde* ; mais, averti de source certaine que cette publication pouvait être inopportune, il la supprima tout entière au moment où elle sortait des presses de l'imprimeur, disant qu'il ne consentirait jamais à exposer la vie du saint homme qui l'avait instruit.

Un exemplaire de cet ouvrage a pourtant échappé à ce massacre et s'est retrouvé dans les papiers de Saint-Yves ; les considérations qui avaient déterminé sa décision n'ont plus de portée, la réédition de cette *Mission* est devenue possible et vient d'être accomplie [1].

Avec le xix° siècle, l'ère des succès est close. Quelques années de revers successifs nécessitent l'abandon

---

1. Un volume in-8° à *l'Édition*, rue Furstemberg.

du nid doré de la rue Vernet ; Saint-Yves est obligé d'aller réfugier loin de Paris, à Versailles, les débris de ses trésors artistiques, et peu de temps après, il a la douleur d'y perdre celle qui avait été l'inspiratrice et la Providence si aimée de son œuvre.

Ce chagrin qui surpassait les déceptions de son apostolat ou les revers de la fortune, le tint quelque temps abattu ; mais une âme aussi forte que la sienne, aussi pénétrée de toutes les choses divines, ne pouvait succomber même sous les coups les plus cruels du destin.

Saint-Yves obtint de transformer en chapelle ardente la chambre où sa femme était morte, et grâce à sa science sur le culte des morts, il eut bientôt la consolation de pouvoir communiquer avec l'âme de l'absente [1].

Dans cet adoucissement de sa peine, son amour de la science reprit bientôt le dessus. Selon les projets arrêtés dès sa jeunesse, il lui restait à couronner son œuvre par une dernière application de la Haute-Science en donnant une traduction ésotérique de la Bible. Il y

---

1. Il est essentiel d'ajouter à ce propos que ce genre de communication n'avait absolument rien de commun avec le spiritisme ; on verra, à propos de sa doctrine, qu'il en a toujours condamné énergiquement les pratiques. Il n'avait jamais eu aucune faculté médianimique, et ne se servait d'aucun médium. Ses cérémonies, beaucoup plus sacrées, étaient d'un tout autre ordre ; il ne se serait jamais permis une évocation qu'il n'a cessé de flétrir comme une profanation condamnable et pernicieuse.

tenait maintenant d'autant plus qu'il avait scruté toutes les faiblesses de Fabre d'Olivet ; il en devait la rectification aux catholiques autant qu'aux rationalistes.

Sa retraite nouvelle, au bord de la vaste et paisible place d'armes de Versailles, l'invitait à reprendre ses travaux. Loin des réalisations actives et des fréquentations de la ville, anxieux de se distraire des chagrins qui l'en avaient chassé, réduit à quelques visites d'amis dévoués, entouré de ces autres amis plus discrets et plus fidèles encore, ses livres, inspirateurs chéris et témoins du labeur de toute sa vie, il plongea plus que jamais dans les profondeurs de la méditation silencieuse son esprit mûri maintenant par les épreuves autant que par l'étude.

Il ne tarda pas à y retrouver les secours providentiels : Un jour de grande fête religieuse, à la suite d'une cérémonie sacrée, il reçut une inspiration subite qu'il a toujours attribuée à l'âme de sa femme :

C'était la clef de l'*Archéomètre*.

Il se mit aussitôt, avec une ardeur nouvelle, à en entreprendre la réalisation, non-seulement pour la traduction projetée, mais même comme un moyen nouveau et plus fécond que les précédents, de démontrer au public, par des applications pratiques, l'action incessante du Verbe sur les moindres détails de notre vie quotidienne.

Avec une conscience toujours extrêmement scrupuleuse, il commença son nouveau travail par une révision complète de ses connaissances scientifiques positives. Puis, pendant vingt ans, avec une assiduité et une persévérance admirables, il ne cessa d'approfondir, de développer, de vérifier, d'adapter à toutes les manifestations de l'esprit humain, cet instrument de synthèse universelle insoupçonné avant lui. On en trouvera plus loin des notions plus détaillées ; il suffit d'en indiquer ici le principe :

C'est un schéma figuré, où vingt-deux signes empruntés aux trois alphabets fondamentaux de l'Hébreu, du Sanscrit et du Vattan (langue primitive enseignée à Saint-Yves par son Guru indien) fournissent immédiatement, outre leur signification essentielle, leurs correspondances dans la musique, les couleurs et les formes.

Au moyen de cet *Archéomètre* (ou mesure-étalon des principes) il devient possible, non seulement de donner le sens fondamental de tout mot et par conséquent de toute phrase, mais aussi ses représentations exactes dans le monde réel ; de s'entourer par conséquent de formes, de couleurs, de résonances, de parfums adéquats à sa propre personne ou à toute idée que l'on veut choisir.

Muni de ce précieux instrument, Saint-Yves songea encore à rénover la musique selon les sept modes antiques dont le plain-chant nous a conservé la tradition. Il pensait aussi livrer au public tous les objets usuels ou les constructions architecturales conformes à une pensée donnée ; il comptait prouver à tous, par cette harmonie extérieure de la vie quotidienne, la présence du Verbe en tout ce qui nous entoure [1].

A cet effet, il prit, le 26 juin 1903, un brevet d'invention, dont la brochure est maintenant fort rare. Il songea ensuite à former une société qui pût fonder l'usine nécessaire ; il en sera reparlé plus loin.

Tant de travail à la suite d'une vie si laborieuse et si tourmentée devait avoir raison de l'ardeur la plus courageuse. Dans ses dernières années, des crises d'une maladie de cœur, qui aurait demandé plus de repos, ralentirent ses travaux et l'arrachèrent définitivement à ses dernières espérances.

L'Archéomètre et ses applications restent assez inachevés pour que l'on puisse craindre de n'en voir jamais l'accomplissement.

Mais à côté de ces trésors de science transcendante que nous devons à sa haute et belle intelligence, Saint-Yves nous a laissé l'exemple d'une magnanimité rare, d'une âme ascétique et pieuse dont la fortune n'a fait que redoubler l'ardeur, dont l'infortune n'a point abattu l'infatigable persévérance ; d'une vie remplie tout entière de la noble ambition de servir les plus grands intérêts de l'Humanité sans en demander d'autre récompense qu'un succès réservé forcément à sa mémoire seule.

1. Le caveau où il repose à Versailles, auprès de sa femme, est construit d'après l'archéomètre.

L'ŒUVRE

Trois époques principales se distinguent nettement dans l'œuvre de Saint-Yves, en correspondance aux vicissitudes de sa vie : Les œuvres de jeunesse (*les Heures, les Clefs de l'Orient, le Testament lyrique, le Mystère du Progrès*).

Les œuvres capitales : les trois *Missions, la France Vraie, Jeanne d'Arc victorieuse*, avec les opuscules accessoires pour la propagande de la synarchie (*Vœux du syndicat de la Presse économique* ; *ordre économique dans l'électorat et dans l'État* ; *Centenaire de 1789* ; *Souvenirs du 20 septembre 1900* ; *Maternité royale* ; *le Poème de la Reine* ; *l'Empereur Alexandre*).

Et l'œuvre finale, ésotérique, inachevée : *l'Archéomètre*, dont on n'a que quelques fragments.

On ne peut citer que pour mémoire les documents les plus secrets qu'il avait amassés et probablement classés en correspondance à ses publications, mais qu'il a mis en lieu sûr, comme il l'affirme à plusieurs reprises [1], pour n'être livrés qu'au jour où la *Synarchie* sera réalisée.

Les premières œuvres montrent mieux le tempérament propre et les préférences de l'auteur ; les secondes accomplissent le rêve de toute sa vie et les dernières en dévoilent la source et l'essence.

Les œuvres de jeunesse ne doivent pas nous occuper longuement ; ce sont des poésies échappées pour ainsi dire à l'enthousiasme de l'étudiant à mesure qu'il entrevoyait les horizons grandioses que lui découvrait son travail acharné, à la suite de son maître intellectuel, Fabre d'Olivet. Car Saint-Yves est poète avant tout ; ou pour mieux dire, il est, comme on l'a vu, le barde celte revenant au xixe siècle pour lui révéler les profondeurs mystérieuses et sublimes des sanctuaires antiques. Il ne peut lui-même en retrouver la trace sans entendre à nouveau les chants héroïques des harpistes initiés aux mystères druidiques, sans être tenté de braver l'aridité prosaïque de notre langage pour les redire en paroles rythmiques.

Les Heures, *les Clefs de l'Orient*, *le Testament lyrique*, sont des recueils de pièces détachées à la manière des poèmes anciens sur les mystères des sciences sacrées.

Les Mystères du Progrès, œuvre plus complète, publiée seulement en 1878, mais achevée bien avant,

---

1. *Mission des Juifs*, p. 911 ; *France vraie* ; *Jeanne d'Arc*, p. 15.

va donner nettement le caractère spécial de ces productions. Celle-ci est une tragédie dans le genre de la Grèce antique, dédiée par l'auteur « à Orphée, dont la symbolique lui a inspiré cette œuvre » et précédée d'une préface curieuse, pleine de science contenue, dont on regrette de ne pouvoir extraire que ce passage purement bibliographique : « J'étais jeune alors, y
« dit notre savant poète, et l'impossible me tentait ;
« je voulus offrir une tragédie, donner une fête, non à
« mes contemporains plus soucieux d'autre chose, mais
« aux demi-dieux de cette Grèce si intellectuellement
« religieuse, et pratiquement savante, dont les mysté-
« res perdus éblouissaient mes veilles et ravissaient
« mes songes...Si je croyais encore qu'écrire soit utile,
« je prendrais aujourd'hui pour sujet le Messie. Alors,
« l'idée me vint d'ouvrir et de fermer le cycle de Pro-
« méthée, depuis les origines sauvages de l'Humanité
« sur cette Terre, jusqu'à sa réintégration dans la
« perfection divine, par le total développement de la
« perfectibilité.

« Voici la première partie de cette présomptueuse
« tentative. » Le sujet en est exposé dans la même préface en une page qu'il faut citer encore parce qu'elle marque en même temps les progrès de la pensée chez Saint-Yves à mesure que son travail acharné se poursuivait à travers de longues années.

Prométhée, héros de ce drame conçu avec amour dans des années antérieures, est encore l'image de ce jeune homme fougueux et magnanime chez qui l'injustice et la souffrance réveillent une indépendance ingouvernable, jusqu'à la révolte contre toute autorité si grande qu'elle soit. L'auteur de la préface, d'esprit plus mûri maintenant, ne craint pas de se blâmer lui-même en la personne de son héros, au nom d'une sagesse supérieure, que quelques mots suffisent à rétablir : Voyez en quels termes élevés et simples :

« Jupiter, ou plutôt le Wishnou orphique, maintient
« l'Unité du Monde, et en veut à Prométhée de la com-
« promettre en révélant trop tôt à l'espèce humaine des
« biens que son inexpérience sociale va changer en
« maux ; il reproche au Titan d'avoir mis dans sa cons-
« piration sept de ses fils, et enfin d'être monté dans
« le Ciel pour y ravir le Feu sacré, l'Ardeur de l'Es-
« sence divine, et en animer l'Humanité. »

« Ce qui exalte Prométhée dans son œuvre précipitée,
« c'est son amour malheureux pour Minerve, la fille
« du cerveau divin, la Sagesse, la Perfection, la Pensée
« complète de Jupiter. » Finalement Minerve sauve son amant des fureurs de son père prêt à foudroyer, en couvrant ce coupable de son égide avec ce défi plein de fierté :

« Ose frapper ta fille ! » et le chœur entame un grand « hymne à la science, fille de Prométhée ».

Voilà pour le sujet ; en voici la critique :

« En définitive, ce que veut Prométhée, c'est sub-
« stituer son action à celles des Maîtres, et devenir un
« Jupiter lui-même, s'il le pouvait.

« Je me suis borné à indiquer, tel qu'il m'est apparu,
« ce rôle de l'autorité, moins sympathique peut-être,
« mais non moins important que celui du progrès vio-
« lent, dont la révolte n'est intéressante, après tout,
« que parce qu'elle n'est pas totalement désintéressée
« de tout motif ni de toute passion personnels.

« Dans cette lutte, d'ailleurs, l'Éternel doit avoir rai-
« son du Temporel, celui-ci fût-il immortel comme le
« Titan; le Ciel doit maîtriser la Terre; Dieu l'Homme,
« la Perfection la Perfectibilité; le tout, la partie.
« L'état sauvage lui-même serait moins funeste à l'Ordre
« divin, dont l'Homme est une Puissance détachée,
« que le Progrès, si celui-ci devait demeurer indéfini,
« sans Principe religieux qui en détermine le but, sans
« méthode qui en équilibre la marche, sans régie supé-
« rieure qui en coordonne les résultats acquis. »

Comme on sent déjà dans cette préface la marque du génie qui doit écrire les grandes œuvres de la seconde période! Hâtons-nous d'y arriver sans plus nous arrêter à ces premiers vols de l'aiglon. Aussi bien ce sont productions que l'auteur lui-même a désavouées depuis; quelques années après cette préface, elles étaient reprises par Saint-Yves partout où il a pu les retrouver et mises au pilon, de sorte qu'elles sont aujourd'hui à peu près introuvables.

Il faut dire encore quelques mots de sa tentative industrielle. Il la commença par la brochure de propagande: *De l'Utilité des Algues Marines*. Malgré sa spécialité scientifique et pratique, elle offre encore quelques passages remarquables, car il n'y a pas de sujet que ce grand esprit ne sût élargir. Il est surtout une page qui nous intéresse particulièrement parce qu'elle révèle la pensée qui va dominer toute l'œuvre de Saint-Yves, l'archéomètre compris : elle est ici dans sa conclusion :

« Notre but résumé dans le titre de cette brochure
« (*Utilité des Algues*) est atteint. L'utilité : Voilà
« sur notre pauvre terre le dernier mot de la sagesse.
« Poète à nos heures, et longtemps tourmenté de
« la grande fièvre des idées, nous n'avons pas voulu
« que l'avenir pût nous reprocher d'avoir attiré la
« guerre civile des esprits par un nouvel aliment, si
« faible qu'il fût ; et si parfois nous avons suspendu
« d'une main un livre sur ce siècle sombre, ce n'a été
« qu'une tentation passagère, et de l'autre main, le
« livre a été jeté dans l'oubli. Ces quelques pages sont
« les seules que nous livrerons à la publicité... »

Dans cette phrase terminée par une allusion à la destruction de ses œuvres de jeunesse, deux intentions dominantes sont à remarquer : en premier lieu la plus sincère tolérance pour toutes les écoles, toutes les religions, toutes les nations : Constructeur d'une synthèse universelle, Saint-Yves craint jusqu'au moindre ferment de discorde. En second lieu, c'est par leur application pratique, utile, qu'il veut faire accepter les principes les plus élevés. Toujours dominé par sa planête maîtresse, le Soleil, il veut que ce soit la vie radieuse et bienfaisante qui révèle à tous l'infusion de l'Esprit dans la matière terrestre. On a beaucoup reproché à Saint-Yves de ne point former de disciples de sa haute doctrine ou tout au moins de ne pas l'exposer explicitement, de ne pas la révéler tout entière ; aux intimes qui le pressaient par ces instances, il répondait familièrement : « Nous n'en sommes plus à « cette forte et puissante alimentation des peuples « virils ; la vieille Europe est maintenant trop malade ; « ce sont de solides bifteeks et du bon vin qu'il lui « faut pour la remettre sur pied. »

C'est pourquoi il ne publiera jamais que des *applications sociales* de la Science sacrée qu'il avait si longuement assimilée, et les applications les plus immédiates, les plus banales même, quand il le faut, comme celle de ce dictionnaire transcendant qu'est l'archéomètre, à la construction des meubles et des ustensiles de ménage.

On a dit plus haut le sort malheureux de cette tentative des Algues ; Saint-Yves ne pouvait pas plus être chocolatier que Napoléon commerçant ou Garibaldi fabricant de chandelles ; c'était pour de plus grandes œuvres que la fortune lui était donnée.

**

Arrivons à l'œuvre capitale, celle des *Missions*. Elles étaient prêtes depuis longtemps déjà, et cependant, semblables à la pièce de théâtre qui ne s'éprouve qu'au feu de la rampe, elles avaient besoin encore de la publicité pour se parfaire. Aussi va-t-on voir de l'une à l'autre des variations qui ne correspondent pas seulement à la différence du sujet, mais aussi au perfectionnement de son exposition, de sorte qu'elles se complètent l'une l'autre autant pour la forme que pour l'ensemble de l'exposition.

La première, la *Mission des Souverains par l'un d'eux*, désigne suffisamment sa portée ; ce sont les gouvernements eux-mêmes que l'auteur voulait atteindre ; il y réussit et par son anonymat qui était certes une bonne condition de succès, et par la profondeur ou l'originalité de ses vues politiques qui répondaient à l'affirmation hardie du titre.

C'était, d'après la Préface même, un exposé mûri pendant plus de vingt ans, d'une Constitution Européenne nouvelle, fondée sur les enseignements de l'histoire, sur l'étude du gouvernement général de l'Europe, depuis Jésus-Christ jusqu'à nos jours. Quelle est cette leçon des temps passés qu'aucun auteur n'a donnée encore, toute différente de celles formulées par Machiavel, par Montesquieu, ou par aucun des souverains passés ou modernes ?

Elle débute par une critique. C'est sur la définition même des diverses constitutions que l'on s'égare : il n'y en a que trois :

La *République* dont le principe est dans la volonté populaire ;

La *Monarchie*, qui a le sien dans la volonté de son fondateur (qu'elle soit d'ailleurs pure ou représentative, politique ou emporocratique);

Et la *Théocratie* qui puise son principe dans la volonté divine, exprimée par la religion.

Cette dernière est la seule qui donne la longévité aux peuples, parce que la Sagesse et la Science n'ont « véritablement part au gouvernement des Sociétés que dans la Théocratie seule ». Elle a fonctionné dans l'antiquité avec plein succès ; elle est nécessaire aujourd'hui à l'Europe moderne en face de l'Asie et de l'Afrique qui constituent pour elle une menace croissante.

Seulement il faut se garder de la confondre avec les gouvernements de prêtres auxquels on attribue aujourd'hui faussement le nom de Théocratie. Dans l'ère chrétienne notamment, la véritable théocratie, avortée dès le début, n'a jamais pu se réaliser.

Telle est la thèse posée dans le premier chapitre et développée historiquement dans les dix suivants : ils montrent comment la lutte séculaire entre le pouvoir temporel et le pouvoir spirituel, en se terminant par le triomphe du premier, a donné la suprématie à la volonté humaine sur la volonté divine, et produit l'état d'anarchie sociale où se débat actuellement l'Europe. La faute en est attribuée à l'Église parce qu'en se faisant politique à ses débuts, elle a substitué à son rôle universel, d'autorité morale, l'ambition d'une domination monarchique qui la livre à tous les défauts de cette forme constitutionnelle.

A l'origine, en effet, l'Église, traversant successivement les formes d'une société secrète, d'une république démocratique et d'une aristocratie républicaine, a fini par s'organiser en un pouvoir dictatorial calqué sur le modèle de l'Empire romain et tout différent de la théocratie vraie. La Papauté qui s'est imposée à l'Église n'a rien d'un Souverain Pontificat réel ; elle n'est qu'un impérialat dictatorial qui, armé de l'orthodoxie et de l'excommunication, ne songera qu'à diviser les peuples pour régner sur tous.

Elle tombe rapidement elle-même dans le dualisme, conséquence fatale du règne de la Force, et même dans une double dualité : Empire d'Orient, imité pendant quelques années par Charlemagne, et Empire d'Occident ; dans le premier l'impérialat politique se fait maître de l'Église ; dans le second, l'impérialat religieux, représenté par le Pape, se fait maître de la Politique.

La première conséquence de cette « usurpation révolutionnaire » de la Papauté est la féodalité ; chaque chef s'empare à son profit exclusif des pouvoirs qui lui étaient confiés pour le bien public comme le Pape s'est emparé du pouvoir politique. Elle dissout l'Église aussi bien que la Société laïque en la faisant glisser dans tous les désordres de la pire corruption : lascive, vénale et sanguinaire.

Quand le célèbre moine Hildebrand, devenu Grégoire VII, promènera son fer implacable dans ces plaies honteuses, la Papauté pourra se croire à l'apogée de sa puissance, maîtresse du pouvoir suprême sur tous les peuples. Vaine apparence, ce n'était que le triomphe temporaire et fictif d'un impérialat sur l'autre ; celui de l'Église était touché au cœur par la féodalité aristocratique et la Monarchie politique.

Les croisades imaginées pour masquer et seconder les plans ambitieux de la Papauté n'aboutissent qu'à un désordre insensé, sans résultat sérieux. Cependant les royautés laïques grandissent partout en Occident, se forment en nations divisées et quand l'invasion mongole vient fondre sur l'Europe, le Pape les invite en vain à s'unir contre l'ennemi commun, son appel désespéré ne trouve plus aucun écho.

Il ne sera pas mieux écouté quand surviendra la guerre de Cent ans ; la décadence papale a déjà commencé. Ce sont les monarchies politiques qui triompheront de la féodalité, mais en mode laïque, divisionnaire.

L'unité européenne qui aurait dû se faire sur la pensée chrétienne est manquée à cause du caractère politique dont s'est revêtue la Papauté qui devait être et rester un Pontificat Suprême, à côté et au-dessus du pouvoir temporel. Elle a, de la sorte, engendré dans le Pouvoir Souverain une dualité où elle s'est ensuite trouvée elle-même enfermée et vaincue.

Pour ressaisir le pouvoir qui lui échappe, maîtriser

la puissance croissante des royautés, le Pape va les tenir constamment divisées, les lancer les unes contre les autres. La réponse des nations est immédiate : Scission nouvelle et fondamentale de l'Église latine par la Réforme du xvie siècle ; établissement définitif de la République européenne en personnalités distinctes ; la Réforme accentue ce mouvement en le traduisant comme une révolution ethnique de races antagonistes.

Le redoublement du despotisme papal appuyé sur les ordres religieux nouveaux et sur l'épée de l'Espagne ne fera que hâter sa défaite, accentuer son impuissance, et multiplier les schismes et les dissidences : Églises latines de Portugal, d'Espagne, de France, d'Irlande, de Pologne ; Églises grecques, Églises protestantes ; guerres de religion ; partout l'anarchie et les luttes sanglantes.

Voici donc maintenant que le triomphe de l'esprit laïque ouvre la deuxième période historique du Christianisme en Europe. La Volonté humaine, affranchie, isolée de la Volonté universelle, va-t-elle faire cette unité qui vient d'avorter par suite de la faillite papale ? — Non. Et voici pourquoi :

« Dans tout état social, de premier degré, comme
« Israël, comme la Chrétienté, comme l'Islam, la Reli-
« gion donne le principe et la fin de la vie sociale, de l'es-
« prit public et des mœurs communes. La Politique gé-
« nérale est la moyenne gouvernementale de cet esprit
« et de ces mœurs ; l'Économie publique, conséquence

« de la Politique générale, gère les choses comme celle-
« ci gère les hommes.

« Si les cultes exercent mal la Religion, si les gou-
« vernements exercent mal la Politique et l'Économie,
« ce n'est ni la Religion, ni la Politique, ni l'Économie
« qu'il faut attaquer, mais la manière défectueuse dont
« elles sont comprises et exercées, et il faut le faire
« scientifiquement, sans sectarisme, sans fanatisme ;
« sans passion et sans faiblesse.

« Il faut aimer l'Humanité et faire appel à ses réser-
« ves de perfectibilité : — L'Esprit public, les mœurs
« communes ont assez de puissances intellectuelles et
« morales pour se reconnaître dans la Vérité, lui prê-
« ter force de vie sociale, et opérer physiologiquement
« le rétablissement organique de l'État social tout en-
« tier.

« Telle n'est malheureusement pas la voie que la pro-
« testation laïque a suivie en France ; imbue de l'ar-
« chaïsme gréco-romain elle a sectarisé son œuvre, et
« lui a retiré toute force sociale de vie, en méconnais-
« sant le Christianisme et par conséquent la Chrétienté. »

Henri IV rêvera inutilement avec la reine Élisabeth
de réaliser par une dernière guerre les États vraiment
unis de l'Europe ; Richelieu et Mazarin reprendront
son plan en mode individuel, et, par des expédients
politiques, réaliseront, dans le traité de Westphalie, cette
anarchie internationale qu'on a, comme par dérision,
décorée du beau nom d'équilibre européen. Depuis

plus de deux siècles, la paix armée qu'il institue nous écrase toujours plus lourdement, règne de la force anarchique et stérile substitué à l'idéal chrétien de la Fraternité universelle.

Cet idéal, manqué deux fois par la Papauté et par la Royauté, la Révolution française, à la remorque des philosophes encyclopédistes, prétendit à son tour le réaliser en mode laïque.

« Quelques formules théocratiques de la maçonnerie
« tombèrent dans l'anarchie des esprits, mais séparées
« de leurs principes, de vérités qu'elles auraient pu être,
« elles devinrent les dogmes de l'athéologie militante.

« Ces trois mots: *Liberté, égalité, fraternité*, pour
« les initiés de tous les temps n'ont jamais représenté
« des principes. Un principe est un radical, une racine,
« le point de départ premier d'une série déterminée de
« conséquences spécifiques, n'appartenant qu'à lui... Il
« saute aux yeux que ces trois mots n'expriment rien
« de tel, mais des manières d'être de principes qu'ils
« n'indiquent pas. »

La liberté ramenée à son premier terme, *le libre*, marque « ce qui est *illimité, infini*, et il n'y a que
« la *Force première*, l'*Esprit universel* qui porte ce
« caractère, qui en soit le Principe. »

L'Égalité, ramenée à son premier terme, *l'égal* par excellence, « n'existe pas comme idée radicale en dehors
« des mathématiques abstraites, et l'*Unité* en est le
« principe... L'égalité des hommes a pour principe le

« *Règne hominal*, l'*Espèce humaine*, la *Puissance*
« *essentielle, cosmogonique occulte*, d'où sortent et
« où rentrent tous les hommes; leur égalité n'existe
« que dans cette essence même dont le caractère est
« l'identité. »

« La Fraternité a son premier terme dans le *Frère* ;
« le frère par excellence: le frère universel n'existe pas,
« comme idée radicale en dehors de la *Paternité* qui
« le constitue *frère de frère*. Le *Père* est donc le Prin-
« cipe du frère. Ce *Père Cosmogonique*, si on l'envisage
« comme père spécifique de l'Homme, c'est cette puis-
« sance occulte à laquelle nous avons donné le nom
« d'*Espèce humaine, de Règne hominal*, et si on le
« considère dans son universalité, comme la première
« Puissance constituée de l'Univers, c'est ce point cul-
« minant, ce principe et cette fin de la vie et de la
« science que nous appelons Dieu.

« Les trois principes, de la *Liberté*, de l'*Égalité*, de
« la Fraternité, sont en toutes lettres dans la cosmogo-
« nie égyptienne de Moïse : Rouah Elohim, l'Esprit
« moteur ! Adam, l'Homme universel ; Ihoha, Dieu et
« la Nature, puissance constitutive de l'Univers.

« Ces trois principes inversés sont aussi dans la Tri-
« nité chrétienne : Père, Fils, Saint-Esprit ; le Père
« renfermant en lui la Mère ou la Nature. »

« C'est ainsi que, née d'idées théocratiques sectari-
« sées par l'Athéisme, la Révolution française, avec
« ses faux principes de 1789, fit, exactement, sans le

« savoir, ce qu'avait fait la papauté : de la politique
« sur la Religion, tandis que c'est le contraire qu'il
« faut faire. »

L'Anglais Pitt se chargea d'exploiter au profit de
son pays la vanité de ce mouvement et l'anarchie descendue jusque dans les esprits. Ce n'était pas l'unité factice réalisée un instant par l'ambition personnelle de Bonaparte qui pouvait y remédier : « L'Europe, au
« contraire, avait désormais deux dictateurs en lutte :
« l'un à la tête de l'empire radical des mers, l'autre
« rêvant sur terre une impossibilité, l'Empire de Char-
« lemagne au xix° siècle. Ce fut l'homme de proie
« qui..., pour faire face à son rival anglais, coalisa con-
« tre lui l'Europe maritime ; ce fut le despote de la
« terre qui se déclara le champion de la mer. »

Cependant, Napoléon vainqueur aurait pu entendre les vœux des nations, et arriver à un bon code général capable de subordonner la souveraineté de la Force à la paix sociale entre les gouvernements comme entre les nations. « Mais, heureux, dans ses vues d'ambition
« vulgaire, de grouper autour de lui des adhésions im-
« périales et royales, il ne profita point de l'excellent
« terrain qu'il avait trouvé tout préparé par l'ancienne
« diplomatie française. » Il succomba !

La Sainte Alliance qui le précipitait de la roche Tarpéienne n'était, à son tour, qu'une fausse théocratie qui devait avorter dans le Congrès de Vienne, comme le rêve de Henri IV avait avorté en Westphalie. L'anarchie internationale reprenait de plus belle avec la question d'Orient, pour aboutir au Congrès de 1856 et à l'hégémonie prussienne confirmée par le traité de 1870.

Toute cette politique se résume encore par l'inévitable diarchie de tout ce qui n'est pas réglé par l'Unité de la Volonté divine : Empire maritime anglo-saxon contre Empire terrestre de Russie que l'avenir transportera sans doute dans le Pacifique en mettant les États-Unis, fils de la Vieille Europe, en face de l'Antique Orient asiatique, mais qui ne peut aboutir, en tous cas, qu'aux horreurs d'une guerre universelle et à un bouleversement général dont le passé historique n'a donné encore aucun exemple [1].

La faute en est uniquement à l'abandon des principes de la théocratie véritable; ils sont seuls capables de fournir une organisation normale de la société.

Il ne s'agit aujourd'hui ni de détruire, ni de conserver au-dessus des États ou de leurs chefs un ordre social quelconque, puisqu'il n'y en a pas; il faut le créer. Il faut former au-dessus de nos nations, de nos gouvernements, quelle que soit leur forme, un gouvernement général, purement scientifique, émané de nos nations mêmes, consacrant tout ce qui constitue leur vie intérieure.

Voici, dans ses plus grands traits, ce que serait ce

---

[1]. On remarquera que ces prévisions ont été écrites il y a près de trente ans.

gouvernement général que Saint-Yves nomme Synarchie :

1° Un *Conseil Européen des Communes nationales* (Londres, Paris, Bruxelles, etc..., tous les grands centres de la vie civile et de la civilisation), nommé par une assemblée de tous les économistes, financiers, industriels, agriculteurs, ou par leurs chambres corporatives, prononcerait sur tous les intérêts économiques internationaux : Il serait présidé par l'élu des chefs d'État, avec le titre d'Empereur arbitral. Ses jugements, consacrés par les deux autres conseils, seraient mis sous la sanction des armées nationales de terre ou de mer confédérées, en cas d'infraction d'une nation et après procès par les trois Conseils réunis.

2° *Conseil Européen des États nationaux*, composé de conseillers élus dans chaque capitale par tous les corps de la magistrature nationale, pour prononcer sur toutes les questions internationales de droit public : justice internationale, révision des traités, réorganisation de la diplomatie, le tout devant former un code de droit public, une Constitution européenne qui, enregistrée par le Conseil des Communes, serait mise sous la garde et la consécration solennelle du Conseil des Églises et placée sous la sanction de l'Union des armées nationales de terre et de mer.

3° *Conseil international des Églises nationales*, c'est-à-dire de la totalité des corps enseignants de chaque nation, sans distinction de corps, de sciences ni d'art,

depuis les Universités laïques jusqu'aux institutions de tous les Cultes reconnus par la loi civile ; l'évêque national qui le consacrera dans sa patrie en sera le Primat catholique orthodoxe (en prenant ces mots dans toute leur acception d'universalité, de tolérance intellectuelle et de charité morale). Ce Conseil aurait pour objet : la consécration des trois Conseils et des villes libres ; le règlement des questions internationales se rattachant aux cultes et aux universités ; la création des collèges ou d'ordres européens, sacerdotaux ou militaires ; le sacre des souverains, la collation des dignités et grades européens, la détermination des canons des sciences, arts et métiers ; l'initiative des concours, fêtes et fondations sociales ; « les conquêtes de l'Em-
« pire de la civilisation liant les races asiatiques et
« africaines à la paix de la Chrétienté d'Europe, au
« règne de Dieu, par Jésus-Christ, sur toute la terre
« comme au ciel », — la fondation et la conservation des colonies européennes ; « la neutralisation de toutes les
« capitales religieuses ; l'initiative de toutes les créa-
« tions destinées à conjurer les maux sociaux. »

Telle est cette première *Mission* par laquelle Saint-Yves conviait le monde à s'unir comme sous l'égide de l'Unité divine représentée par l'Assemblée des Églises et des Universités laïques de toutes espèces, réconciliées.

Utopie évidente dans l'état actuel des esprits ! Elle suppose, à l'intérieur de chaque État, une entente préalable des intérêts économiques, des partis politiques, et ce qui serait peut-être plus difficile encore s'il est possible, des Églises entre elles ou avec les corps savants laïques. Cette entente supposait au moins que l'auteur fît connaître sur quel terrain et par quels principes universels elle serait possible, et il n'en parlait pas ici.

En outre cette synarchie des États, dans leur situation présente, aboutirait presque infailliblement à une guerre de sécession analogue à celle qui a partagé les États-Unis d'Amérique, mais bien plus grave et plus irréparable, ou sinon, elle tomberait aisément dans une orthodoxie laïque dépourvue de sanction, à moins qu'elle n'en revienne à s'imposer par quelque contrainte.

Il y faudrait une longue préparation des esprits et une réforme analogue dans la politique intérieure de chaque nation.

Cependant l'auteur montrait une telle confiance en son apostolat, qu'à la dernière page de ce premier volume il prévoyait et réglait l'accomplissement prochain de la synarchie internationale :

En fait, si ce dernier chapitre où sont formulées les propositions synarchiques avait constitué la partie principale du livre, il paraît probable que l'ouvrage aurait eu bien moins de retentissement, confondu qu'il eût été bientôt avec les nombreuses et vaines propositions des sociétés internationales de la paix dont les congrès principaux ont été, généralement, précurseurs des guerres contemporaines les plus terribles.

Mais la plus grande partie du volume consistait dans une interprétation politique de l'histoire moderne si originale, si subtile, si mystérieuse, que l'œuvre semblait due à la plume d'un diplomate consommé, d'un Machiavel d'un nouveau genre [1], et qu'elle justifiait suffisamment son titre fort habile :

Mission des souverains *par l'un d'eux.*

On le crut, on chercha à inscrire le nom qui y manquait : La critique virulente de la papauté qui remplit plus de huit chapitres sur douze, celle non moins acerbe du règne de Napoléon I*er*, et les jugements sur la politique anglaise égarèrent les hypothèses sur la personne de quelques souverains protestants du Nord de l'Europe (spécialement le savant roi de Suède ou l'Empereur mystique de l'Allemagne), ou tout au moins de l'Empereur de la Russie orthodoxe.

Peut-être, aussi, l'union récente de l'auteur avec une femme célèbre dans les cours européennes du Nord avait-elle contribué à ajouter cette teinte exotique à la manifestation de ses propres tendances. Il est certain que c'est de ce côté que son œuvre parut particulièrement précieuse et son incognito intéressant à per-

---

[1]. Il dit lui-même dans sa préface : « J'ai voulu en quelques pages mettre sous les yeux des peuples et de leurs chefs un nouveau livre d'État : celui du machiavélisme de la lumière. »

cer[1]. Mais c'était apparemment par son caractère politique et diplomatique, bien plutôt que par son esprit mystique de chevalier religieux, que l'auteur inconnu était apprécié dans ces sphères.

En tous cas l'idée fondamentale, l'essence, la base solide et profonde de la synarchie était là bien peu visible encore. Le succès n'en pouvait être que passager dans le grand public plus intrigué que convaincu; les philosophes et, particulièrement, les occultistes n'y pouvaient trouver qu'un intérêt médiocre, puisqu'ils n'y reconnaissaient rien de leurs dogmes. On n'en parla pas longtemps.

⁂

Après ce premier manifeste aux souverains, Saint-Yves s'adressa à l'autre extrémité de l'échelle sociale, il entreprit de prêcher la synarchie aux travailleurs; c'est pour eux qu'après la *Mission des Souverains*, et la même année, il publiait la *Mission des Ouvriers*, qui pendant les deux années suivantes eut trois éditions.

La première était anonyme, mais dans les suivantes Saint-Yves y inscrivit son nom et se révéla comme l'auteur de la *Mission des Juifs*.

C'était une simple brochure, mais elle entrait mieux

---

[1]. Les familiers de l'auteur se rappellent sans doute lui avoir entendu dire que la *Mission des Souverains* était un livre de chevet pour le prince de Bismarck.

dans le vif du sujet ; elle est aussi d'un caractère beaucoup plus pratique, ou du moins plus immédiatement et plus aisément applicable.

L'auteur y prenait le ton familier d'un père à ses enfants : La question vitale du salaire de l'ouvrier et par conséquent du paupérisme, leur disait-il, n'a pu être résolue ni par la doctrine du « laissez-faire et laissez-passer » des économistes, ni par celle du « Tout par l'État », chère aux socialistes, ni par le système mixte des protectionnistes. C'est pourquoi, se substituant à cette faillite des théoriciens, les ouvriers ont voulu reprendre le problème par eux-mêmes. Ils en essayent la solution par l'Internationale, par les grèves, par les congrès, par le collectivisme, mais ils ne la trouvent toujours pas.

La raison de leur impuissance, disait-il aux ouvriers, est que les politiciens ont absorbé votre mouvement comme ils ont absorbé précédemment tous les intérêts nationaux. Or, leur politique n'est pas une science ; ce n'est qu'un empirisme mis simplement au service de leurs propres intérêts, non des vôtres ! Ce sont eux qui ont fait ce faux dualisme où vous vous égarez, du capital et du travail, comme aussi celui de la conservation en face de la destruction.

C'est à cette même politique que le suffrage ramène tout en nommant des députés chargés de tout et, par eux, un État qui fait tout.

C'est une triple faute !

Parce que cet État est, en réalité, une oligarchie, et de plus, une oligarchie incompétente en matière économique !

Parce que les chambres organisées en un dualisme impuissant sont tout à fait insuffisantes en présence de la multiplicité des questions modernes !

Parce que la centralisation excessive fait de l'Etat un despote et un despote impuissant !

Et cependant ce despotisme se trouve nécessité par l'incurable état de guerre européen qui condamne toutes les nations à la centralisation militaire; mais ne serait-il pas une conséquence de ce militarisme désastreux que la répartition anormale des fonctions gouvernementales suffirait à l'engendrer ?

Dans un État bien établi, il y a trois fonctions sociales à distinguer :

L'Enseignement qui comprend la Science et la Religion ;

La Législation qui comprend l'établissement de la loi et son application, c'est-à-dire toutes les magistratures ;

Et l'Économie dont les finances sont une partie.

En dehors de ces fonctions, il ne doit y avoir qu'une seule centralisation, celle militaire, nécessaire à la défense nationale : pour tout le reste, l'État ne doit être que l'exécuteur de la volonté nationale *totale*. Il faut donc que la liberté soit rendue à l'expression de cette volonté, non par une seule chambre et encore moins par deux chambres en antagonisme, mais par trois chambres correspondant aux trois fonctions nationales essentielles et compétentes chacune en sa spécialité propre. « Le suffrage peut être universel, mais le député, non! »

La Chambre d'enseignement doit être ouverte « à tous « les représentants élus des groupes de doctrine, sur le « pied d'égalité civile » afin d'annuler les sectarismes opposés de l'Université, de l'État et des Églises. Ces représentants ne seront que des spécialistes méritants, « ils ne se disputeront pas; ils organiseront ». Cette chambre sera l'expression de la *Conscience* nationale, et un témoignage de religion universelle; l'enseignement qu'elle organisera sera payé par la Chambre économique.

Sur la Chambre de législation civile, aucun détail spécial n'est ajouté; l'auteur remarque seulement qu'on n'y doit nommer que des spécialistes capables et méritants, sans attendre qu'ils se présentent; ils seront payés encore par la troisième chambre.

De même la Chambre économique, encore plus abrégée dans la brochure, n'aura que des spécialistes parfaitement au courant des questions traitées dans les syndicats.

L'État ne sera plus que le grand organe exécutif, ayant seul droit de paix, de guerre, de police et de monnaie.

Ainsi sera constitué le Microcosme de la Synarchie

nationale en face du Macrocosme de la Synarchie européenne détaillée par la *Mission des Souverains*.

Cette seconde *Mission* forme donc avec la première un tout indivisible. Bien qu'elle renferme moins d'utopie que celle-ci, on voit qu'elle n'en est pas dénuée, ou, pour mieux dire, qu'elle n'est pas assez explicite sur les moyens propres à assurer les conditions qu'elle exige ; ils seront donnés plus tard, dans la *France vraie*. Ce n'était pas le seul défaut de cette brochure. Dans le désir d'y conserver le ton d'un entretien familier, l'auteur s'est laissé entraîner à un exposé prolixe et confus, tantôt trop profond, tantôt presque banal ou enfantin qui devait dérouter les lecteurs. Il l'entremêle encore de conseils moraux sans portée sur les intérêts personnels et matériels qu'il voulait régir ; la franchise même avec laquelle il y proclame ses principes religieux sans préparation ni explication devait le faire soupçonner d'un sectarisme à moitié dissimulé.

Cette brochure ne pouvait donc pas avoir, auprès de ceux à qui elle s'adressait, le succès qu'en attendait Saint-Yves ; le rôle de tribun qu'il essayait ainsi et qu'il voulut un instant jouer complètement non seulement par une large distribution de cette mission, mais même par un apostolat direct de la parole dans les réunions publiques et les syndicats, n'était pas compatible avec la finesse, l'ampleur, la distinction de ce génie solaire toujours suspendu dans les régions les plus élevées et les plus spéculatives de la pensée humaine. Il n'en récolta, on l'a vu, que des déboires qui l'obligèrent à transformer son mode d'action par la formation d'un syndicat intellectuel, mais sans beaucoup plus de succès.

Au reste, sa pensée n'avait pas encore trouvé son expression parfaite ; elle va s'achever en théorie et en application dans les deux *Missions* suivantes :

*
* *

La Mission des Juifs.

La lecture de ce chef-d'œuvre extraordinaire peut faire comprendre qu'il ait été dicté, comme l'affirmait son auteur, dans un état d'extase continuel ; mais il faut avoir vu Saint-Yves dans le doux recueillement de sa bibliothèque, il faut y avoir subi pendant des heures le charme inexprimable de sa conversation, si profonde, si vive et si cordiale, il faut avoir été témoin du bonheur qu'il éprouvait auprès de cet ange de sa vie, plus affable et plus charmeuse encore que lui, s'il était possible ; il faut avoir pénétré dans cette retraite pieuse de la rue Vernet consacrée tout à la fois par l'Amour, par l'Art, par la plus haute science et par les mystères les plus profonds de la Religion, pour apprécier tout ce qui est entré de génie dans une pareille œuvre, toute la puissance spirituelle qui s'y trouve incarnée !

L'idée qu'on en peut donner ici ne sera qu'un pauvre reflet de tant de lumières; puisse-t-elle au moins inspirer à tous ceux qui ne la connaissent pas encore le désir de venir s'abreuver à cette source, toujours plus abondante et plus profonde à mesure qu'on y vient puiser !

Dès le début de la *Mission des Juifs*, ce n'est plus Saint-Yves qui parle, c'est la *Tradition* même. Nous avons devant nous la Révélation suprême, déposée pour ainsi dire par la Divinité dans le berceau de l'Humanité naissante comme un trésor, comme un talisman auquel elle devra toujours revenir ; négligée peut-être aux jours de bonheur, oubliée, méconnue souvent, mais toujours prête à la sauver aux heures de détresse.

Voilà l'inspiratrice de Saint-Yves ; c'est là qu'il a lu la *Synarchie ;* c'est le livre aux sept sceaux qu'il veut entr'ouvrir sous nos yeux pour nous appeler au salut social.

Écoutez son début :

« Comme, dans ce livre, je ne parle pas de moi-même
« et que ma parole a pour substratum à peu près tout
« ce qui a été pensé et écrit dans le monde entier, je
« remercie ici tous les auteurs vivants que j'ai consul-
« tés, et je tiens à rendre hommage aux morts.

« Quant à la Tradition ésotérique judéo-chrétienne,
« je ne la laisserai entrevoir dans cette œuvre qu'autant

« que cela sera nécessaire pour le but que je poursuis. »

La préface fixe aussi la gradation indiquée plus haut dans cet apostolat : « Dans la *Mission des Souverains*, « parmi les rois, parmi les prêtres chrétiens, à travers « toutes nos patries, j'ai dû faire parler par moi, la « Souveraineté royale ou populaire, et la Religion dans « ses rapports avec la sociologie.

« Dans la *Mission des Ouvriers*, j'ai parlé à tous les « électeurs de mon pays, en libre citoyen d'une répu- « blique nominale.

« Dans la *Mission des Juifs*, je m'adresse aux sa- « vants talmudistes, aux Kabbalistes, aux Esséniens, « aux nasis, non comme un étranger, mais aussi comme « l'un d'entre eux, possédant la science orale laissée « par Moïse même. »

Ainsi l'horizon s'agrandit considérablement ; il ne s'agit plus seulement de relations meilleures entre les classes sociales ou les nations diverses, mais de la loi générale de leurs gouvernements ; il ne s'agit plus seulement de nos États Européens, ou de notre race blanche, mais de toutes les nations et de toutes les races du globe ; il ne s'agit plus seulement de l'époque contemporaine, mais de la vie totale de l'Humanité ; car elle achève un de ses cycles gigantesques et court au conflit final du Bien et du Mal, au jugement entre l'Anarchie vaniteuse et l'Harmonie sociale selon la loi divine. C'est la loi même de cette Harmonie qui va être rappelée et démontrée.

Œuvre grandiose à laquelle l'auteur a consacré sa vie entière avec une foi ardente et toute la vénération due à une cause universelle : « Il faut être humble et « doux de cœur et se sentir pauvre d'esprit comme le « dernier des petits enfants, pour recevoir avec amour « la Tradition et la Vérité; et c'est ainsi que je les ai « reçues, il y a plus de vingt ans. — Mais elles se sont « si profondément enracinées dans ma vie, que je ne « croirai jamais en témoigner publiquement avec assez « de force parmi les grands, avec assez de douceur « parmi les petits, avec assez de conscience intellec- « tuelle et morale chez tous (p. 4). »

Cependant, fidèle à sa détermination de ne faire accepter les Principes suprêmes que par des applications pratiques, il se bornera, comme il le dit, à faire entrevoir cette révélation autant que cela sera nécessaire à son but ; il faut citer encore ce passage capital :

« Je viens de parler de la Tradition et de la Vérité, « dont je témoigne, et l'on se dira encore, sans doute : « Qu'est-ce que la Tradition, qu'est-ce que la Vérité? « Quelles preuves en peut-on donner ?

« A cela je répondrai encore : de telles choses ne « s'inventent pas ; elles se trouvent là où elles sont et « on les prouve quand et comme il faut.

« J'en témoigne déjà dans les deux œuvres précéden- « tes et dans celle-ci. Le reste, en mains sûres, dans « plusieurs pays, est à l'abri des coups qui peuvent « partir de différents centres de pouvoir qui, pour-

« tant, n'empêcheront rien de ce qui doit s'accomplir.

« *Ce que je réserve comme ésotérisme dans mes
« œuvres, ne sera livré qu'à la première Chambre indi-
« quée dans mes deux livres précédents.* »

Déclaration précise qui sera renouvelée encore six ans plus tard, dans sa dernière œuvre principale. (*Jeanne d'Arc victorieuse*, p. 15 [1].)

Quant au titre de *Mission des Juifs* il se justifie par la raison que les Juifs sont, par nature, les précurseurs et les préparateurs de la Chrétienté qui va aboutir à ses promesses sociales; Saint-Yves les convie à en seconder l'éclosion puisqu'elle doit être l'accomplissement des promesses mêmes qui leur ont été faites.

Le plan de l'ouvrage est nettement posé en quatre lignes dans l'avant-propos :

Réconciliation de la Science et de la Religion judéo-chrétienne ; rapprochement des corps enseignants religieux et civils.

Distinction de l'Autorité et du Pouvoir.

Limitation de la Politique par trois Pouvoirs sociaux et spéciaux.

---

1. « On nous a demandé fréquemment d'anticiper sur l'épo-
« que que nous avons fixée à certaines communications à un
« Conseil supérieur de l'Enseignement ; mais nous ne pouvons
« nous départir de notre réserve sur ces matières. »

On sait que toute initiation n'a jamais été donnée que sous serment solennel de ne la révéler qu'avec autorisation spéciale.

Cette division ne sera point rappelée dans le reste du volume, mais elle le domine.

Au reste, un pareil livre ne peut être résumé ; pour en donner une idée suffisante et suffisamment respectueuse, le mieux était d'en établir une table analytique détaillée qui en suive le texte pas à pas. Cette table n'existe pas ; l'ouvrage est terminé par une simple nomenclature de titres très brefs des chapitres ; ce sera donc rendre en même temps service à ceux qui veulent les travailler que d'étendre cette nomenclature aux subdivisions principales de façon à en faire ressortir la trame. Les trois distinctions fondamentales vont y être rétablies ; en outre, on a cru bien faire en rappelant en tête de chacun des vingt et un chapitres l'arcane majeur du Tarot qui lui correspond ; on verra avec quelle habileté le sujet y a été adapté, et ce sera, en même temps, signaler un de ces coins de voile que Saint-Yves a consenti à lever sur les Mystères sacrés dont il s'inspirait.

TABLE ANALYTIQUE
DE LA MISSION DES JUIFS

	Pages.
Préface	1
Avant-propos	15

PREMIÈRE PARTIE
Réconciliation de la Science et de la Religion.

Chapitre Premier. — La Science moderne et l'Ancien testament.

(Arcane I. — Le Mage.)

Antagonisme actuel des deux sciences: l'une procédant de bas en haut et l'autre de haut en bas ; l'une par induction et évolution, l'autre par involution et déduction. — Cet antagonisme est légitime et les deux sciences y ont également contribué. — Il se résout par une synthèse lumineuse. — Elle est dans la Tradition judéo-chrétienne interrogée dans son esprit scientifique, ésotérique. — Avant de la faire assentir au lecteur, on va prendre une vue synoptique des connaissances actuelles. 17

Chapitre II. — Essence et substance de l'Univers.

(Arcane II. — La Porte du Sanctuaire occulte.)

(On l'appelle aussi : la Papesse. — La Nature. — La Science.)

L'analyse n'est qu'une partie de la méthode totale. — Il y a aussi une opération d'intelligibilité — L'examen du

monde matériel donne une idée du rapport entre la Vie
intelligible dans l'Univers (l'Essence) et ses supports
sensibles (formes substantialisées). — D'où quatre ordres
de science nécessaires : Sciences de l'Essence, de la
Forme, de la Substance (de la Nature naturée) : *Physio-
gonie.*

Science des Principes de la forme et des facultés (ou de
la Nature naturante) : *Cosmogonie.*

Science de l'Esprit, de l'Intelligence d'où découlent ces
Principes et avec qui l'âme humaine est en communion
(ou de l'homme) : *Androgonie.*

Science du principe suprême de toutes choses, les con-
tenant dans une inaccessible Union créatrice plus absolue que l'Unité (ou de Dieu) : *Théogonie.*

Elles sont résumées dans le nom hébreu de quatre lettres :
I, È, V, Ê.

— Les Sciences positives ne sont que la base, du reste
nécessaire, de la synthèse, et sans celle-ci elle est impuissante. — Cette synthèse antique, Kaldéo-Egyptienne,
est dans Moïse 31

CHAPITRE III. — **Essence et substance des êtres
et des choses terrestres.**

(*Arcane III.* — *La Mère Céleste* (Isis Uranie), ou *l'Impératrice.*)

La science positive constate le jeu de la Force, non sa
source ; l'ascension des êtres vivants, non la descente
de la Vie ; il y a une autre science, l'Ontologie, branche
de la Cosmogonie. — Elle était enseignée par les sacerdoces du Monde civilisé. — Cycles qu'elle comportait,
comparés à la Chronologie biblique. — Il ne faut pas s'en
tenir à la lettre de la Bible ; les religieux ignorants com-
mettent cette erreur aussi bien que les savants positifs.

— La Science vraie est religieuse et la Religion vraie est savante. 45

DEUXIÈME PARTIE
Distinction entre l'Autorité et le Pouvoir.

Chapitre IV. — **La Science dans l'Antiquité**
(ou Source et division des religions.)
(Arcane IV. — La Pierre cubique, l'Empereur, le Dominateur.)

La Science antique comprenait nos connaissances actuelles. (Électricité, photographie, minéralogie, chimie, pyrotechnie, vapeur, magnétisme, optique, télégraphie, physiologie ; astronomie). — Chronologie de la Science antique. — Le Christianisme est le prolongement de cette science et la renferme. — L'Ésotérisme est encore conservé dans certains sanctuaires. — Moïse l'a connu et l'a mis dans son œuvre ; quelques exemples philologiques à l'appui. — Toutes les religions sont sorties des sanctuaires où elles n'en faisaient qu'une ; elles ont été divisées 3.000 ans avant Jésus-Christ ; le Christ a imprimé le mouvement vers leur réunion dans la science religieuse 73

Chapitre V. — **Origine réelle des Hébreux.**
(Desquels nous tenons la Science religieuse unique.)
(Arcane V. — Le Maître des Arcanes ou le Pape, ou l'hiérophante.)

Diversité des races humaines dans l'unité du genre humain dont Adam est le Principe Universel (vrai sens de la Bible sur ce sujet). — Parmi ces races, les Hébreux sont des Celtes errant pour fuir une tyrannie spéciale du Pouvoir (expliquée plus loin). — D'où les conséquences philologiques qui prouvent leurs migrations, appuyées de preuves anthropologiques. — Ils ont conservé la tradition (oubliée ou abandonnée par leurs contemporains) et en même temps l'organisation sociale normale qui lui correspondait (basée sur la distinction du Pouvoir et de l'Autorité, et dont on va parler) 133

Chapitre VI. — Cycle de Ram. — Empire universel du Bélier. — Théocratie universelle de l'Agneau. — Synarchie trinitaire.

(Arcane VI. — Les deux routes ou l'amoureux, la liberté ou mieux l'Union des contraires par l'amour. — Le Sceau de Salomon.)

Situation respective des races et des peuples 1.700 ans avant la première dynastie égyptienne (il y a 8.600 ans), race noire et race blanche en particulier. — État des Celtes plus spécialement ; des druidesses et de leur tyrannie. — Exode de Ram et de ses partisans pour y échapper (ce qu'est Ram, son histoire). — Il conquiert le Touran, l'Iran, l'Asie Mineure, l'Égypte et l'Inde. — Réorganisation de son Empire en mode synarchique (première description de cette organisation). — Extension sur l'Occident par réversion. — Ram souverain pontife sur le territoire neutre de la *Paradesa*. — Organisation du sacerdoce. — 3.500 ans de paix sociale. — Moïse et Jésus ont promis le retour de ce règne 155

Chapitre VII. — **Suite du Cycle de Ram.**
(Détails complémentaires.)
(*Arcane VII.* — *Le Char d'Osiris, Le Chariot.*)
(Dans la mythologie grecque, le char de Bacchus.)

Date de ce cycle d'après la chronologie antique. — Étendue de l'Empire de Ram. — Son organisation. — Ses débris en Inde, à Delphes, en Étrurie, chez les druides, dans les mystères anciens, chez les Hébreux. — Caractères essentiels de la Synarchie : distinction de l'autorité et du Pouvoir. — Les restes de la Synarchie en Chine. . 211

TROISIÈME PARTIE

Les trois pouvoirs sociaux, spéciaux.

Article premier. — *Division des Empires.*

Chapitre VIII. — **Schisme d'Irshou.**
(*Arcane VIII.* — *La Balance et le Glaive ou la Justice.*)
(L'équilibre de la dualité.)

3.500 ans après Ram ; 3.200 ans avant Jésus-Christ, la fonction de Kousha (ou gouverneur) de l'Inde est devenue héréditaire. — Irshou, exilé pour avoir voulu l'usurper, fait partout un schisme doctrinal (marqué par les noms des Ioniens (Yonijas), Phéniciens, Pasteurs, le Nemrod (voie du tigre), des Philistins, Iduméens, etc...). — La loi du Taureau succède à la loi de l'Agneau (et du Bélier). — Explication théorique de ce schisme (par la discussion entre Irshou et le Collège sacré au sujet de la prééminence du principe féminin sur le masculin dans le Cosmos ou de leur équilibre).

— Conséquences pratiques et historiques de ce schisme (le symbole de la Colombe rouge ; l'Invasion des Pasteurs ; influence sur le langage). — Grande poussée de peuples du Nord au Sud par les schismatiques (Touraniens notamment) contre les orthodoxes (suite qui se retrouve jusqu'entre César et Pompée). — Depuis ce temps, le Césarisme et la Constitution arbitrale de Ram seront toujours en opposition dans ce monde. 253

Chapitre IX. — Suite du schisme d'Irshou. — Christna. — Fo-Hi. — Mystères d'Isis. — Zoroastre.
(*Arcane IX. — La lampe voilée ou l'Hermite.*)

Les théories d'Irshou divisent partout les esprits. — En Inde, notamment, on voit naître la secte ionienne des philosophies Vedanta, Mimansa, Veiseshika, de Kanada, Nyaya, Yoga, Sankya. — Division dans le gouvernement des peuples : en Iran (sauf l'Hebyreh) ; en Égypte après la VI⁰ dynastie ; en Assyrie, par le règne de Nemrod. — Réaction des centres d'orthodoxes qui envoient partout des missionnaires : Christna ; Fo-hi ; la Trinité Osiris-Isis-Horus établie en Égypte ; les mystères d'Isis ; Zaratoushtra. — Résumé et critique de ces doctrines. 237

Chapitre X. — Le Césarisme assyrien. — Les Orthodoxes abramides ou néo-ramides.

(*Arcane X. — Le Sphynx. — La roue de fortune d'Ezéchiel.*)
(*Hermanubis et Typhon ; le bien et le mal en antagonisme.*)

On arrive spécialement, en ce chapitre, à l'histoire des Hébreux et à la Mission des Juifs : En Assyrie, Ninus est après Irshou le premier adversaire du règne de Dieu. —

Tentative de réaction de Sémiramis. — Après elle, anarchie générale ; bouleversements météorologiques même ; révolution féodale des pouvoirs locaux. — Exode d'Abram et des Abramides, orthodoxes qui fuient l'Assyrie. — Signification ésotérique de leurs noms. — Leur installation à *Salem*, terre neutre. — Communication avec Melchisédec, le roi de Justice 319

ARTICLE II. — *Efforts des Orthodoxes contre l'anarchie Ionienne.*

CHAPITRE XI. — L'Égypte. — Les Orthodoxes. — Moïse. (Arcane XI. — *Le Lion Muselé* ou la force ; puissance de la force spirituelle.)

Détails sur la science dorienne conservée en Égypte ; C'est sur cette science que s'appuie Moïse. — Filiation de sa réaction dorienne ; A l'invasion des Hycsos, Jacob-Israël vient en Égypte pour sauver cette science des orthodoxes. Joseph la fait triompher au palais du Pharaon Amos ou Ahmès (XVIIIᵉ dynastie) ; situation des Celtes Bodhones en Égypte à cette époque. — Dans le même temps, les Orthodoxes font partout des efforts considérables contre la ligue des Ioniens. — Leurs attaques obligent le pharaon à une politique à moitié césarienne ; mais le Dorisme est conservé par les mystères ; les Doriens sont cantonnés dans le Delta. — Tel est le milieu où naît Moïse ; histoire de sa jeunesse 353

Chapitre XII. — Moïse. — Orphée. — L'Exode.
(Arcane XII. — Le Sacrifice ou le Pendu.)
(Dévouement pour autrui.)

Situation des Hébreux en Égypte ; leur participation aux travaux publics inspectés par Moïse. — Meurtre d'un Égyptien par Moïse ; son expiation selon la loi orthodoxe (refuge inviolable dans les temples, à condition d'épreuves expiatoires terribles). — Initiation consécutive que Moïse reçoit d'orthodoxes de la race noire (c'est-à-dire la tradition la plus antique) ; preuves philologiques dans la Bible. — Elle était fondée sur le quaternaire de sciences établi au chapitre II et qu'on retrouve chez Pythagore. — Moïse traduit la science orthodoxe en une œuvre sociale selon le principe des orthodoxes. — A côté de lui, Orphée est initié dans les temples de l'Egypte. Il diffère de Moïse en deux points : il s'adresse spécialement aux Celtes d'Europe, et c'est par l'art qu'il agit, en mode Ionien divinisé. — Ses œuvres 405

Chapitre XIII. — Constitution synarchique d'Israël : Conseil de Dieu ; Conseil des dieux ; Conseils des Anciens. Science de Moïse.
(Arcane XIII. — Le Squelette faucheur. — La Mort, c'est-à-dire la transformation, la conversion radicale.)

C'est la Synarchie que Moïse (initié en dernier lieu par Iéthro) institue par les livres de l'Exode, du Lévitique et des Nombres. — Son œuvre, qui a des fins universelles, est fondée sur la théurgie par alliance avec le Dieu des esprits de toute chair : I-ÈVÊ. — Cette alliance est personnelle à Moïse, mais il a laissé une tradition orale qui est la clef des quatre sciences et des arts correspondants. — Il a confié à une garde dorienne la conservation de ces principes 445

Article III. — *Anarchie et dissolution.*

Chapitre XIV. — **La Synarchie d'Israël.** — **L'Anarchie des prud'hommes du troisième Conseil.** — **La Monarchie politique.**

(*Arcane XIV.* — *Les deux Urnes.* — L'Ange de la tempérance, c'est-à-dire l'Union des deux essences, céleste et divine.)

La Synarchie isolée au milieu des Ioniens va dégénérer ; 200 ans après Moïse, Abimelech tente une suprématie Ionienne. — L'Orthodoxie attaquée partout ne peut soutenir Israël qui est obligé de se matérialiser. — La décadence est retardée par l'école des Prophètes, grâce à l'institution moïsiaque de l'initiation féminine et du Nazaréat. (A ce propos, étude sur la psychurgie). — Malgré tout, 200 ans après Abimelech (400 ans après Moïse), le 3ᵉ Conseil prédomine et veut un roi. — Samuel y remédie d'abord par la consécration très rapide de Saül qui devient indigne, puis par celle d'un successeur non héritier qui est initié (David). — Saül répond par le massacre du conseil de Dieu ; le temple vivant est détruit ; celui de pierre (de Salomon) est le palais du roi politique qui fera périr Israël par les autres rois politiques.   481

Chapitre XV. — **Prise de Jérusalem.** — **Suite de la Monarchie politique.** — **Séparation des tribus.** — **L'ancien droit public et le Césarisme assyrien.** — **Ruine d'Israël.**

(*Arcane XV.* — *Typhon* (le Diable, c'est-à-dire la division.)

Dans la nouvelle constitution, dix tribus (les Israélites) restent attachées au Dorisme ; les deux autres (celle de

Juda, où est le roi), sont politiques ; de là le schisme.
— Troublée encore partout ailleurs, l'orthodoxie ne peut intervenir pour redresser cette anomalie. — David est roi politique, malgré son initiation par Samuel ; Absalon, son fils, commence le schisme en se mettant à la tête de l'orthodoxie. — Explication détaillée de la nature de ce schisme. — La divergence est accrue par le dénombrement que fait David. — La nomination de Salomon est une réaction dorienne ; il s'appuie sur l'Égypte. — Il est initié, mais conserve la constitution politique ; il laisse ainsi les Juifs à la merci du destin. — Le sacerdoce prépare un successeur orthodoxe, Jéroboam ; le schisme éclate définitivement. — L'Égypte châtie Roboam (sans le détrôner), mais le schisme persévère et s'accentue. — Le roi de Juda soumet son culte à celui de l'Assyrie et en appelle le roi contre ses adversaires ; Israël appelle l'Égypte ; mais elle est en guerre civile, impuissante. — Samarie est prise ; les dix tribus doriennes sont dispersées en Médie ; — désormais le peuple chargé de conserver la tradition est noyé dans la masse du genre humain ; c'est l'Humanité entière qui sera chargée de sa restitution. 515

CHAPITRE XVI. — L'Ancien monde et le Césarisme. — Bible et Targums samaritains.

(Arcane XVI. — La tour décapitée ou la Maison Dieu, c'est-à-dire conflit des forces perdues par division et causant la ruine.)

Dans le même temps, le Césarisme triomphe partout. (Vers (720 ans av. J.-C.) : En Assyrie, par Salmanazar, Sargin ; et par elle sur toute l'Asie occidentale ; — en Europe, par la fondation de Rome ; son caractère de peu-

ple de proie ; c'est le Nemrodisme le plus bas. — Les
dix tribus dispersées, leur dépôt (la Bible Samaritaine) ne
se retrouve qu'en fragments, et le Talmud les combat.
En Judée, les prophètes, seuls débris de la Synarchie,
représentent le deuxième Conseil ; ils tombent eux-
mêmes dans le sectarisme politique, tandis que le roi,
politique aussi, ne comprend plus sa mission universelle. — Seule dans le monde, l'Égypte soutient encore
l'orthodoxie. — Des initiés laïques tentent de réagir :
Bouddha, Lao-Tseu, Solon, Tarquin Ier. — Mais le Césarisme triomphe avec Nabuchodonosor : Jérusalem est
prise en 587. 553

Chapitre XVII. — **La Captivité. — Esdras. — Le retour.
Les Targums. — Le Talmud.**

(*Arcane XVII.* — *L'Étoile des Mages* ou *l'Étoile rutilante.* —
C'est-à-dire rayon de la lumière divine sur l'obscurité terrestre.)

Les Juifs captifs conservent leurs traditions à l'intérieur
de la famille et se répandent dans toutes les fonctions
publiques. — Fonction économique qu'ils remplissent
spécialement en Assyrie comme chez tous les peuples
décadents. — Mais ils ne conservent plus que l'exotérisme du Mosaïsme. — Trois intellectualités sociales
surnagent dans ce déluge : l'Inde, la Chine et les Juifs
(sous la Judée). — La Perse, envahissant toute l'Asie
englobe les Juifs ; Zoroastre sauve dans ce pays les
débris de l'orthodoxie ; — (en Chine, Confucius n'est
qu'un prud'homme de génie) ; les rois de Perse contri-
buent à préserver les débris du Mosaïsme en les soumettant à leur politique ; il en résulte que la restitution
d'Esdras est l'œuvre d'un parti clérical juif. — En effet,

il y avait une tradition orale pour clef de l'hermétisme, mais les communautés laïques qui la conservaient ne la livrèrent pas au parti de *Juda* que représentait Esdras. — Aussi la prophétie n'est plus sociale ; elle est littéraire ; elle reste étrangère aux communautés laïques qui subsistaient en divers lieux et où Jésus-Christ se retira avant sa mission : — La Synarchie moïsiaque n'existe plus ; les textes et le culte moïsiaques sont remplacés par une pédagogie primaire et formaliste : les livres constituant depuis Esdras l'enseignement de la tradition forment un quaternaire, au lieu du triple aspect de l'hermétisme moïsiaque ; la kabbale écrite en provient. — Depuis, elle a été condamnée par l'Église catholique : quelques mots sur sa bibliographie. 609

Chapitre XVIII. — **L'Empire Persan. — Les Sanctuaires et les Initiés. — Les Guerres Médiques. — L'Anarchie Hellénique. — L'Empire Macédonien. — L'Asie. — La Judée sous les Grecs. — Le Bouddhisme. — La Chine.**

(Ou : Fin de l'Orthodoxie en Asie.)
(Arcane *XVIII.* — *Le Crépuscule* ou *La Lune.*)
(Symbole des ténèbres pleins de péril.)

Désormais le mal politique va tout dissocier : Perte générale des traditions : en Étrurie, à Delphes, en Chine : — Les sacerdoces, incapables de résister, ou tentent de sauver les textes, ou commentent l'exotérisme en langue vulgaire (Védas, Zoroastre). — Aux efforts du Césarisme pour les anéantir, les Orthodoxes répondent en envoyant des *Sages* et en fondant des *mystères*. — Le Nemrodisme persan redouble sa rage : réduction définitive de l'Égypte par Cambyse ; réduction de l'orthodoxie grecque par Darius, Datys, Xerxès, etc. — Organisation de la synarchie en Grèce et sa destruction à la suite des guerres médiques ; — (Observations sur la différence capitale entre cette histoire et celle de l'enseignement officiel). — Rôle d'Alexandre en faveur de l'orthodoxie ; il meurt prématurément. — Université laïque d'Alexandrie destinée à faire pièce aux sanctuaires. — Réaction du Bouddhisme en Inde et en Chine. 665

Article IV. — *Le Messie Rédempteur.*

Chapitre XIX. — Rome. — Ses Institutions empiriques. — L'Empire romain. — Dissolution sociale de l'Ancien-Monde. — Les Prophètes Juifs et le gouvernement général. — Odin. — Apollonius de Tyane.

(Arcane XIX. — *La lumière resplendissante ou le Soleil.*)
(Symbole du retour de la lumière.)

Fin de l'Orthodoxie en Europe à moitié couverte par l'Empire romain : à Rome même : œuvre dissolutrice de la royauté d'abord, de la république ensuite, confirment la supériorité de la Synarchie sur le Césarisme qu'elles réalisent. — Que sont devenus au 1er siècle les trois pouvoirs sociaux ? : Dans l'Enseignement, la religion est réduite au culte formel, qui est absorbé par les hommes politiques ; pour l'Économie, elle est fondée sur l'esclavage ; en politique, tout principe de vie collective est détruit. — Conséquences dans l'invisible : Manifestation de la Puissance du Mal. — Maladie sociale irrémédiable si les sanctuaires ne s'étaient fermés pour conserver la communication, interrompue par ce tourbillon pestilentiel, de l'Humanité terrestre avec l'Humanité céleste. — Il faut que par eux et du haut de celle-ci, un Rédempteur descende sur terre pour être la tête cé-

leste du corps social terrestre. — Ce Rédempteur sera
le Christ social des prophètes. — Deux réactions se
sont produites contre l'immoralité de l'Empire romain ;
celle d'Odin, et celle d'Apollonius de Tyane. — Mais
elles sont insuffisantes (la Synarchie seule pouvait être
efficace). — Tout autre est l'œuvre de Jésus-Christ ;
appui du faible contre le fort et le violent, il fait sentir
comment sont faussés les trois Pouvoirs sociaux et la
nécessité de les rétablir. — Grandeur suprême de son
rôle 735

Chapitre XX. — **Jésus-Marie.** — **Les Pouvoirs politiques.**
— **Le Judaïsme et le Mosaïsme, ouvert.** — **Les Ordres
laïques.** — Vie publique de Jésus, sa science, ses miracles, sa promesse, sa mort, sa résurrection — **Le Christianisme des Apôtres est l'Israélitisme messianique.** —
Le Christ crucifié est le Christ glorieux. — **La loi de
sa promesse sociale est la Synarchie.**

(Arcane XX. — *Le réveil des morts ou le jugement dernier.*)

Chapitre supprimé par l'auteur dans la crainte d'alimen-
ter la guerre sociale par la publication d'une nouvelle
Vie de Jésus. — Il lègue à un Israélite le soin de glori-
fier le Christ dans la lumière scientifique et la Vérité
sociale 825

Chapitre XXI. — **De César à la destruction de Jérusalem.**
— **De la dispersion des Juifs à leur reconstitution possible en Palestine.** (Revue rapide de l'ère chrétienne.)

Arcane 0. — *Le Crocodile* (ou *le Fou*, ou *le Mat*,
symbole de la perte de l'Homme aveuglé par le Mal).

Même avant Titus, la dispersion des Juifs à travers le
monde entier assure la greffe du Christianisme dans

toutes les provinces romaines et génère ailleurs l'Islamisme (ombre du Christianisme). — Les Juifs sont persécutés sous les Empereurs aussi bien que les Chrétiens. — Formation de l'Église primitive ; fixation philosophique du dogme par les Pères de l'Église. — La dogmatique gréco-latine, fixe, assujettit l'Église à l'Empire. D'où l'aboutissement à Constantin, et la substitution de l'Église officielle au Judéo-Christianisme. — Les Juifs restent gnostiques en ce qui regarde l'Esprit, libérateurs en ce qui a trait à la vie de la Chrétienté ; d'où l'intolérance césarienne de l'Église contre eux. — Cependant ce sont eux qui préparent la renaissance. — Les seuls centres chrétiens de réflexion et d'étude seront dans l'Ordre des Templiers et chez les Pythagoriciens kabbalistes dits francs-maçons primitifs. — Ils voulaient la synarchie : preuve par l'histoire rapide de la maçonnerie. — Mais le mouvement laïque qui s'oppose à l'orthodoxie cléricale, césarienne, s'égare à son tour dans le Césarisme, appelant l'empirisme laïque des travailleurs (ou futur socialisme) contre celui des classes dirigeantes ! la synarchie est le seul remède possible. — Les Juifs ont résisté à tous ces Nemrodismes (preuve par leur histoire rapide depuis Constantin jusqu'à nos jours). — Cependant le développement de l'esprit laïque a soulevé de nouvelles difficultés (par l'exégèse), parce qu'on n'a plus les principes de la religion éternelle. — Ce qui surnage, c'est l'esprit transcendantal scientifique des livres de Moïse. — C'est la promesse religieuse et sociale des Abrahmides et de Jésus. — C'est la Synarchie, loi scientifique de l'organisme des sociétés. — La Synarchie, seule en question dans ce livre, est le salut unique non seulement de la Chrétienté, mais du monde entier, comme le prouve une esquisse de l'état des religions en Asie. — Cette Synarchie, Moïse l'a sauvée en la recueillant dans les Universités doriennes les plus antiques ; les Juifs ont failli à sa conservation (en faisant détruire Jérusalem ; Jésus-Christ l'a reconstituée ; elle reste encore à réaliser, car l'Autorité est toujours sacrifiée en face du Nemrodisme. — Les Juifs, identifiés avec les sacrificateurs sont restés, cependant, le sel et le ferment de la vie chez les Chrétiens. Il leur reste à parfaire le *Judéo-Christianisme* ; c'est leur mission et ils y sont prêts 829

Conclusion. — Appel aux plus intelligents en faveur de la Synarchie ; sa démonstration est le fruit d'un travail gigantesque ; son Principe est le Principe d'unité de toutes les religions et de tous les peuples ; la loi de l'avenir, la loi de Vie de l'Humanité ; le temps est venu de la réaliser. — La France le peut mieux que qui que ce soit. — Aperçu des moyens pratiques. 919

Tel est ce livre incomparable.

Au lieu de s'écrier comme le poète, et ainsi qu'il en aurait eu le droit : *Exegi monumentum !* j'ai achevé mon édifice ! Saint-Yves ne veut pas fermer le volume sans élever son âme par une grande et fervente prière à IÉVÉ-IÉSUS...

« Seigneur du Ciel et de la Terre, Dieu social de l'Humanité... Des océans d'Ames judéo-chrétiennes te prient dans l'Invisible, comme je te prie ici, dans ce Monde visible.

« Bénis leurs vœux, bénis leur foi, bénis leur Amour, bénis leur espérance, etc..., etc... »

Dans la dernière note additionnelle de *Jeanne d'Arc victorieuse*, Saint-Yves parlant de « l'Église-mère du Brahmanisme non sectaire (présentée pour la première fois aux Européens) », après en avoir rappelé l'organisation synarchique, ajoute (p. 302) : « Cette Université-Mère a de plus en plus fermé ses Mystères. Son nom mystique *Agartha* (Insaisissable à la Violence) dit assez clairement qu'elle dérobe à la curiosité le lieu de sa résidence. *Jeanne d'Arc victorieuse* y sera *lue comme* « *la Mission des Juifs* ». »

Cette assertion n'était pas vaine; c'est en effet, quelques années après la publication de *la Mission des Juifs*, en 1894, que Saint-Yves reçut cette visite spontanée du Brahme indien dont il a été parlé plus haut dans sa biographie. C'était la lecture de *la Mission des Juifs* qui avait décidé cette visite; celui que Saint-Yves appelait « un saint homme », est venu pendant plus de six mois compléter la science de l'Initiation de notre Maître français; la trace de son passage restera profondément gravée dans l'œuvre de Saint-Yves; jusqu'alors il avait refusé à peu près complètement de parler de l'Inde; on vient de voir ce qu'il en dit dans *Jeanne d'Arc*; l'Archéomètre en profita beaucoup plus; il n'est même pas exagéré peut-être de dire que sa découverte est due en grande partie à cette visite, grâce à cette langue antique du Vatan, inconnue en Europe, que le Brahme de l'Agartha avait enseignée à Saint-Yves.

Cependant *la Mission des Juifs* n'était pas une œuvre

qui pût prétendre au retentissement de *la Mission des Souverains* ; elle était trop profonde, trop savante, trop mystique pour séduire un public que la politique étroite, sectaire ou purement économique, occupait alors exclusivement, surexcité déjà, d'ailleurs, contre tout ce qui pouvait nommer seulement la Religion. Cette œuvre magistrale n'eut, en fait, qu'un succès d'estime dont le passage suivant de *la France vraie* (p. 94) donne l'idée la meilleure : « L'auteur des études bibliographiques
« de *la Nouvelle Revue* du 15 août 1884, disait ce qui
« suit de ma *Mission des Juifs* :

« Si ce livre eût paru de 1828 à 1835 il n'est pas
« douteux pour nous qu'il n'eût déterminé un mouve-
« ment autrement important, large et bienfaisant que
« celui des Fabre d'Olivet, des Auguste Comte, des
« Fourier ou des Saint-Simon. »

Mais le temps n'était plus à ces grands combats théoriques intellectuels ; notre époque ne connaît plus ces envolées. La petite république des Occultistes était la seule qui, encore préoccupée des choses mystérieuses, paraissait en état de faire à *la Mission des Juifs* l'accueil qu'elle méritait ; mais, là même, les facilités dangereuses du spiritisme maintenaient les intelligences à un niveau ou dans des préjugés qui ne pouvaient atteindre de pareils horizons. Ce fut précisément de ce milieu, qui avait tant à en profiter, que surgirent aussitôt les critiques les plus amères et même les calomnies personnelles les plus basses. L'auteur fut traité notamment comme un vulgaire plagiaire qui n'avait fait que démarquer Fabre d'Olivet.

Mais laissons pour le moment ces petitesses misérables et ces critiques auxquelles il sera répondu tout à l'heure en détail; revenons à la suite de l'œuvre, objet principal de ce chapitre. Aussi bien, Saint-Yves lui-même se contenta de ce succès d'un livre qu'il n'avait destiné qu'à un petit nombre de lecteurs, car il dit encore dans la préface de *Jeanne d'Arc* :

« Semées au large, à pleines mains, ces pensées
« organiques germent et lèvent à droite, à gauche, en
« haut, en bas, partout. Nous avons eu le rare bonheur,
« donné à peu de penseurs de leur vivant, la bonne
« fortune de voir les sectes et les partis se les assimi-
« ler, fût-ce en les dénaturant de leur caractère syn-
« thétique[1] ; et ce temps de préparation, d'appro-
« priation par les milieux, arrivera forcément à la
« concordance des intérêts que nous avons formulée
« pour tous. »

Toutefois il comptait sur un avenir plus prochain; il avait espéré voir encore de son vivant le début au moins d'une pareille réalisation ; aussi l'oubli croissant des Missions dans le public remplissait d'amertume ses dernières années.

Mais à l'époque où triomphait cette *Mission des Juifs*,

---

1. Allusion à la loi sur les syndicats dont il avait été le premier inspirateur.

son véritable chef-d'œuvre, comptant sur les efforts d'apostolat verbal et les démarches et pétitions rapportées dans sa biographie [1], le Maître était toujours plein d'ardeur et de confiance dans son œuvre qu'il ne jugeait pas encore achevée. Il avait dit, en effet, dans sa conclusion :

« Il faut organiser les trois Pouvoirs sociaux par le
« pouvoir politique existant, quel qu'il soit, où qu'il
« soit.... Ici je prendrai pour point de départ la France,
« la première des nations judéo-chrétiennes, la moins
« idolâtre de la lettre des deux Testaments, mais la
« plus et la mieux vivifiée par leur Esprit. — Oui, quoi
« qu'en disent les politiciens du passé, les piétistes du
« dehors, cette Patrie est toujours la fille aînée non de
« l'Église des clercs, mais de l'État Social du Christ. »
(P. 930.)

D'autre part, il écrivait encore, dans cette même finale de *la Mission des Juifs* : « De vérifications en
« vérifications, de clartés en clartés, j'ai éclairé jusqu'au
« fond de l'âme tous les Temples de toutes les Socié-
« tés, j'ai voulu soulever tous les voiles, j'ai osé bra-
« ver la folie ou la mort en sondant tous les Mystères,
« et, plus que jamais, j'adore avec une invincible cer-
« titude le même Esprit, la même Vie, la même Loi de
« leur union sur la Terre comme aux Cieux, dans l'État

---

1. Voir *France vraie*, p. 525, l'expression de cette solide espérance.

« social comme dans l'Univers. Plus l'intelligence
« humaine s'ouvre, déploie son envergure, monte et
« embrasse scientifiquement de plus vastes horizons,
« plus l'Esprit divin y resplendit, et s'y fait Vie, en
« unissant à elle tout ce qu'il y trouve divisé, et en lui
« montrant l'unité de toutes choses (p. 923). »

Il y avait là deux points de première importance qui restaient à développer, deux pierres d'attente pour le couronnement de l'édifice que Saint-Yves avait conçu tout entier dès sa jeunesse, comme l'indiquent plusieurs passages de ses œuvres.

Deux volumes nouveaux vont répondre d'abord au premier de ces projets, celui qui concerne la France ; ce seront :

La France vraie, qui la montre pourvue la première de la Synarchie, grâce aux Templiers (en 1887).

Et un chant héroïque, didactique en même temps, sur le prodige de l'intervention spirituelle dont nul autre pays n'a donné l'exemple comme la France : *Jeanne d'Arc victorieuse* (en 1889).

Il s'y ajoutera même quelques brochures complémentaires destinées à profiter des actualités du moment pour attirer certaines attentions importantes sur l'apostolat de la Synarchie :

Poème de la Reine,

Maternité royale,

L'Empereur Alexandre.

Quant à la démonstration de cette unité suprême des

Pensées et des Sciences dans les régions supérieures de la Science totale, et par elle, de la Direction du Monde par le Verbe, ce fut pour Saint-Yves l'objet de vingt années encore d'un travail acharné. On a rappelé comment il disait lui-même l'avoir ouvert par une nouvelle revue de toutes les connaissances qu'il avait déjà si bien assimilées et approfondies, et notamment des sciences positives et de la musique. C'est à cet effort colossal que nous devons quelques parties de l'*Archéomètre* et les pages sur *les Patriarches*, mais ce ne sont là, malheureusement, que des fragments de cette œuvre splendide qui ne devait jamais être terminée.

La Providence ne voulait pas que Saint-Yves avançât plus loin sa révélation géniale ; c'était assez déjà et largement, pour notre siècle pratique, d'avoir à assimiler *les Missions* ; pour le reste, il sera produit quand le temps en sera venu, comme Saint-Yves l'a promis, par les dépositaires de ses travaux ésotériques. Nous aurons du moins quelque aperçu de cet avenir par les fragments reçus, dont nous parlerons un peu plus loin.

*
* *

La France vraie (*Mission des Français*) paraît trois ans après *la Mission des Juifs*, en 1887, avec cette épigraphe empruntée à Machiavel : « Il faut souvent ramener une nation à ses principes. » Il s'agit, en effet, dans ce quatrième volume, de justifier le titre donné par l'histoire, à la France, de Fille aînée de l'Église judéo-chrétienne, et de la ramener à ce rôle qui attend encore son accomplissement.

C'est dans nos États Généraux que Saint-Yves trouve le germe de la Synarchie déjà développé. C'est chez les Templiers, sacrifiés par le Césarisme royal, qu'on va découvrir le programme détaillé du gouvernement synarchique.

L'auteur nous transporte d'abord dans la cathédrale de Notre-Dame de Paris, le 10 avril de l'an de grâce 1302, le Soleil étant dans le Bélier : Le Pape Boniface a convoqué le Roi de France à un concile général à Rome, dans la pensée de ressaisir sur les Évêques français un gouvernement absolu qui lui échappe, de corriger le roi qui le brave, de réformer le royaume, de donner à la France un gouvernement de son choix. Mais la révolution féodale, née du Césarisme papal, est à sa fin ; Philippe IV entend défendre intégralement ses droits de roi syndical, d'arbitre justicier des pouvoirs sociaux de sa nation ; il résiste aux prétentions du Pape et pour donner plus d'autorité à sa résistance, il entend l'appuyer sur la Volonté nationale. Il a donc convoqué les premiers États Généraux. Les voici rassemblés au son des cloches, des orgues et des chants sacrés, dans cette cathédrale consacrée à la Vierge Marie que les Druides avaient prophétisée (*Virgini pariturae*).

Philippe est sur son trône, entouré des seigneurs de

sa maison et de son Conseil, adossé au maître-autel, en tenue, moitié de magistrat, moitié de sacerdote, comme un roi d'Israël ou un Pharaon. A ses pieds, un plébéien, Pierre Flotte, son chancelier, symbolise les intérêts antiféodaux ; en face de lui, les délégués sacerdotaux à droite ; les députés de la justice d'épée à gauche. Plus loin, de chaque côté de la nef, l'ordre économique représenté par les délégués des bonnes villes et cités.

Voilà bien la Synarchie : L'Enseignement est représenté par l'Episcopat ; la Juridiction par la Noblesse d'épée ; l'Économie par les délégués municipaux : Échevins, Consuls, Capitouls, Prévôts. Par ce fait même, la Nation devient invincible en son entité propre et essentielle : « Le même jour, en effet, chacun des trois pou-
« voirs écrivit à la cour de Rome son indomptable et
« religieuse volonté, absolument respectueuse vis-à-
« vis du Souverain pontife chrétien, absolument rebelle
« au César païen. »

« D'un seul coup, la Nation française vient d'arbo-
« rer la loi du Sinaï et du Calvaire en matière de Sou-
« veraineté sociale, méritant une fois de plus le beau
« nom de fille aînée de la Société du Christ, des Pro-
« phètes, de Moïse et des Patriarches. »

Elle était pourtant bien imparfaite encore cette ébauche synarchique : Deux éléments principaux manquaient au Conseil d'Enseignement : celui des Rabbins que l'Esprit vraiment sacerdotal n'aurait pas écarté et celui de l'Université, représentant de l'esprit laïque dans l'Assemblée totale des Fidèles, qui constitue vraiment l'Église.

Au conseil juridique manquait le Parlement que le Roi avait accaparé déjà. Il n'avait pas encore absorbé la Cour des comptes, élément important du Conseil économique, mais l'institution rivale, la Cour des Aides, paralysera celle-là.

Si, en effet, le Roi appuie maintenant, en mode synarchique, sur les États Généraux, son pouvoir menacé par l'usurpation césarienne du Pape, c'est dans la pensée d'écraser ensuite, sous le poids nemrodique de ce même pouvoir, ceux de la Magistrature et de l'Économie.

Une puissance toute synarchique, mais prématurée, celle des Templiers, se dressait devant lui comme un obstacle insurmontable ; il la brise avec l'appui du Pape lui-même, vendu à ce nouveau César.

C'est que l'évolution de la Société ne pouvait pas être plus rapide : On en était bien déjà à la répression des empiétements de l'autorité sur le pouvoir ; il restait à subir la lutte entre deux éléments constitutifs du Pouvoir lui-même : celui des *Gouvernants* et celui des *Gouvernés* ; elle devait être longue.

Les États Généraux sauvent encore la France en 1356, après le désastre de Poitiers ; ils la relèvent en réformant le gouvernement avec tant de sagesse qu'ils aiment mieux perdre leur chef Étienne Marcel, plutôt que de le suivre dans le désordre anarchique d'une révolution.

« C'est parce que la Souveraineté sociale des gou-
« vernés génère la souveraineté politique qu'elle a le
« droit de la régénérer perpétuellement par l'Assem-
« blée de ses trois Pouvoirs propres et par leurs triples
« délégations.

« De ce fait historique témoignent les avis donnés
« au régent en 1356, par les États Généraux, le discours
« du roi lui-même en 1369, celui des États du Langue-
« doc en 1427, ceux de Masselin et de Philippe Pot en
« 1483 ; la nomination des Commissions de contrôle
« de 1356 à 1483, les paroles du chancelier du roi en
« 1560 ; les remontrances des bailliages à la même date,
« les demandes de la Cour des comptes en 1576 ; les
« cahiers du clergé comme ceux des deux autres Ordres,
« les paroles de Henri III ; celles de l'Évêque de Valence
« et de l'Archevêque de Vienne en 1560, etc.

« En travers de cette tradition synarchique, nous
« trouvons le monopole du gouvernement, et, par suite,
« de la Nation, par la loi politique des païens, à l'ex-
« clusion de la loi sociale, et consécutivement politi-
« que des Judéo-Chrétiens ; » l'anéantissement des
pouvoirs des gouvernés dans l'État comme « dans
« l'Église ; en un mot le Césarisme gréco-latin d'avant
« Jésus-Christ, le Nemrodisme ninévite et babylonien
« d'avant Moïse.

« Aussi, de même qu'à partir du XVIe siècle on voit
« peu à peu cesser dans l'Église des conciles non seu-

« lement généraux, mais provinciaux ou nationaux, de
« même dans l'état politique et social de la France, on
« ne voit plus qu'une assemblée des États Généraux
« jusqu'en 1789. »

A l'appui de ces assertions fondamentales, *la France vraie* suit toutes les manifestations modernes du Césarisme en notre pays par le rôle que jouent les Jésuites, les effets du Concile de Trente, la politique de Richelieu, de Louis XIV et de Louis XV. Par la loi naturelle des réactions, elle provoque le mouvement philosophique et scientifique du xviiie siècle, véritable mysticisme laïque qui tombe dans les exagérations contraires, toujours par la même méconnaissance de la vraie loi sociale.

Enfin, même ignorance, même situation, mêmes périls de 1789 à nos jours.

Sans suivre l'auteur dans le détail pourtant si attrayant et si curieux de ses développements, nous passerons à la conclusion véritable de ce livre. Elle est surtout dans le chapitre XXI[1], où, à propos de la révo-

---

1. Comme *la Mission des Juifs*, *la France vraie* est construite en 22 chapitres, sur le modèle du Tarot (22 parce que le 21e arcane y est compris, qui ne se trouve pas dans *la Mission des Juifs*). On sera peut-être curieux de voir encore ici cette distribution : elle n'est donnée cependant qu'en abrégé, parce que *la France vraie* comporte une table analytique :

CHAPITRE PREMIER (*Arcane de l'homme*). — Comparaison de la loi d'État des païens et de la loi synarchique.

lution française de 1789, Saint-Yves, pour indiquer ce qui aurait pu être fait, développe plus en détail l'organisation qui constitue la Synarchie, et qui avait été esquissée seulement dans les ouvrages précédents.

CHAPITRE II (*La Papesse*). — Caractère missionnaire de la France.

CHAPITRE III (*La Mère-Céleste*). — La synarchie en France prouvée par les premiers États Généraux (xiv⁰ siècle).

CHAPITRE IV (*L'Empereur*). — Le gouvernement appuyé sur une synarchie française est invincible par le Césarisme papal. Autre exemple : Un tzar synarchiste au xiv⁰ siècle. Rôle des Celtes (Latins et Slaves) dans la Synarchie judéo-chrétienne.

CHAPITRE V (*L'Hiérophante*). — Détails sur les éléments synarchiques qui manquaient aux États Généraux.

CHAPITRE VI (*Les deux voies*). — La souveraineté sociale en face de la souveraineté politique ; l'électorat dans la Tradition française.

CHAPITRE VII (*Le Char d'Osiris*). — Tactique de la Monarchie pour absorber la Cour des Aides, créée pour contrebalancer la Cour des comptes.

CHAPITRE VIII (*Balance et glaive*). — Matérialisme gouvernemental de la théologie scholastique ; action du naturalisme aristotélicien, qu'elle adopte, sur la Papauté et les classes dirigeantes.

CHAPITRE IX (*La lampe voilée*). — L'évolution sociale et gouvernementale se règle par lois de série et marche à une loi d'harmonie dont les États Généraux sont la préfiguration spontanée ; effets de leur suppression.

CHAPITRE X (*La roue de fortune*). — Poitiers, le Sedan du xiv⁰ siècle ; les États Généraux de 1356 prouvant la puissance de la Synarchie (xv⁰ siècle).

CHAPITRE XI (*La Force*). — Les États Généraux sont réfor-

Il y a, en effet, dans les ouvrages de Saint-Yves, sur ce détail, une progression intéressante à faire ressortir, en ce qu'elle montre comment ses idées se précisaient et se développaient à mesure qu'il devait les répandre dans le public, ou selon la catégorie de lecteurs à laquelle il devait s'adresser :

mateurs parce qu'ils sont sociaux ; le démagogue Étienne-Marcel succombe quand il devient césarien.

CHAPITRE XII (*Le Sacrifice*). — Retour sur les enseignements politiques et sociaux du xiv° siècle : La civilisation française vient des États Généraux ; les ordonnances progressistes des rois viennent des pouvoirs sociaux. La loi sociale, terrain de conciliation où Jésuites et Francs-maçons doivent se rencontrer. Elle est méconnue des historiens modernes.

CHAPITRE XIII (*La Mort*). — Du xiv° au xvi° siècle, la Tradition française est politique et sociale ; renaissance du Césarisme au xvi° siècle ; la Compagnie de Jésus aux prises avec la Tradition française.

CHAPITRE XIV (*Les deux Urnes*). — Développement de la Compagnie de Jésus et de sa doctrine césarienne : Son mouvement est en travers de celui de la chrétienté (la Synarchie ecclésiale de France en face du Concile de Trente), la Synarchie répétée deux fois dans l'Oraison dominicale.

CHAPITRE XV (*Typhon*) (xvii° siècle). — Pourquoi l'action césarienne des Jésuites échoue même quand elle triomphe ; c'est une faute de les exclure au lieu de les socialiser. Richelieu et les États Généraux ; déchéance de la Noblesse en 1614.

CHAPITRE XVI (*La Tour foudroyée*) (xvii° siècle). — Erreur de la magistrature française en matière de gouvernement au xvii° et au xviii° siècle ; faux gallicanisme politique du clergé dans son Assemblée de 1683 ; désastre du système économique

Dans *la Mission des Souverains* ayant distingué trois formes sociales : république, monarchie et théocratie, et leur ayant donné pour principes trois volontés différentes : populaire, individuelle et divine, il en faisait la synthèse par trois conseils correspondants : des Communes, des États et des Églises, avec les corps enseignants. Il n'était pas question du gouvernement intérieur des nations.

et gouvernemental par le Césarisme de Louis XIV à son lit de mort.

CHAPITRE XVII (*Étoile des Mages*). — Testament des cahiers : En France, les progrès viennent des gouvernés ; intérêt des gouvernements actuels à la reconstitution démocratique des pouvoirs sociaux, non politiques de la Nation.

CHAPITRE XVIII (*Le Crépuscule*) (xviii° siècle). — Anarchie dans le pouvoir économique, (Les financiers, Law, Turgot), dans le pouvoir de justice (instrument d'un pouvoir de plus en plus sectaire), dans l'Enseignement (sectarisme et sectarisation ; revendication de la Clergie contre la Politique par le Mouvement philosophique, justification de la révolution).

CHAPITRE XIX (*Le Soleil*). — Caractère religieux de l'Encyclopédie ; les philosophes lettrés ; erreur des métaphysiciens depuis Descartes. La Révolution sanglante fruit de la cessation des États Généraux sous l'influence de l'Anglomanie.

CHAPITRE XX (*Le Jugement*) (xix° siècle). — Même situation, mêmes périls. Sectarisme du Tiers : Erreur de la tradition révolutionnaire latine sur les municipalités.

CHAPITRE XXI (*Couronne des Mages*). — Détails sur l'organisation synarchique et les Templiers ;

CHAPITRE XXII (*Le Crocodile*). — Comparaison de la Synarchie au système anglais en France. Erreurs de Napoléon ; les

Dans *la Mission des Ouvriers*, Saint-Yves s'adressait tout spécialement à la Volonté populaire : ce qu'il y fallait déterminer, c'était la place légitime de l'Économie dans la synthèse des organismes sociaux. C'est ce qu'il fait par la distinction des trois fonctions fondamentales de la Société : l'Enseignement, la Législation (avec la Magistrature), et l'Économie ; d'où est ressortie la nécessité de trois Chambres, ce que l'on pourrait appeler la segmentation trinitaire des parlements [1].

La Mission des Souverains, presque purement théorique, remonte aux premiers principes de la Synarchie ; c'est là surtout qu'il faut les chercher :

Le premier de ces principes, qui n'était pas encore posé, est la distinction qui sépare l'*Autorité* du *Pou-*

---

lois électorales et les révolutions d'accident de la restauration à nos jours.

Ajoutons à ce propos, que *la Mission des Souverains*, en douze chapitres, est construite sur le modèle du zodiaque, non du Tarot ; il serait trop long d'en donner ici l'explication.

1. Développant, en outre, la Chambre économique, *la Mission des Ouvriers* y distingue 7 fonctions qui seront réduites à 5 dans *la Mission des Juifs*, et qui peuvent même se réduire comme suit aux trois classiques :

Production		Distribution		Finances.
1° Culture ex-traction, etc.).			Commerce.	
2° In-dustrie	Main-d'œu-vre. Syndi-cats.		Marine. Travaux pu-blics. Consulats.	

voir et le Pouvoir de la *Volonté populaire*, distinction calquée sur la constitution de l'être humain :

La *Volonté populaire* exprime les réactions instinctives des impressions ambiantes, les désirs, les vœux, les passions de la masse sociale ; c'est la représentation des sentiments.

A leur opposé, l'*Autorité*, semblable à la conscience humaine, fait entendre les principes éternels, immuables, de la Raison universelle, pour régler sur eux la conduite quotidienne en tous ses détails. Elle n'oblige pas ; elle éclaire la Volonté pour lui permettre de se décider entre la Fatalité des Passions individuelles et l'assentiment à la Volonté universelle ; semblable à la Providence, l'Autorité invite et ne contraint pas.

Cependant dans l'état actuel de l'humanité, il est indispensable à l'existence même de la société qu'elle soit *gouvernée*, c'est-à-dire que son fonctionnement obéisse à des règles fixes appuyées de sanctions obligatoires, de peines, capables de s'imposer, quand il le faut, par la force.

C'est à cette troisième fonction que répond le *Pouvoir*, ou ce que les anciens Romains nommaient l'Imperium ; la justice tenant d'une main la balance et de l'autre le glaive. Le Pouvoir ne peut se confondre avec l'Autorité qui suit une loi d'amour, loi spirituelle, tout opposée à la force matérielle.

Il ne peut se confondre davantage avec la fatalité des passions ou des instincts populaires, puisqu'il a pour fonction de les réprimer et de garantir la société de leur anarchie.

Il est donc nettement distinct des deux autres organes sociaux entre lesquels il sert d'intermédiaire, car s'il règle la volonté populaire, c'est sur les enseignements supérieurs de l'Autorité.

De ce principe fondamental, il résulte que l'Autorité doit être une fonction tout à fait indépendante, et purement spirituelle, ne participant en rien aux deux autres qui sont l'une et l'autre politique. Autrement dit les dépositaires de l'autorité ne peuvent participer au gouvernement. *La Mission des Juifs* démontre par les cours de l'histoire entière, depuis les temps les plus anciens, quel désordre mortel résulte de l'usurpation de l'autorité par le Pouvoir, flétrie du nom de Nemrodisme ou de Césarisme.

De son côté, *la Mission des Souverains* établit par l'histoire de l'ère chrétienne quel mal social engendre, à l'inverse, l'usurpation du pouvoir temporel par le spirituel, ou l'exclusion de l'un des deux par l'autre.

La Mission des Français passe à l'application pratique de ces principes : C'est de l'organisation de la puissance politique qu'elle s'occupe spécialement, celle sacerdotale ayant été suffisamment établie dans *la Mission des Juifs*.

Comme on l'a rappelé tout à l'heure, cette puissance politique correspond aux deux Volontés : l'individuelle ou des souverains, et la générale ou populaire (qu'il faut se garder de confondre avec l'Universelle ou divine), ensemble des volontés individuelles des citoyens, que le Pouvoir doit régler.

Une distinction nouvelle va donc prédominer ici : c'est celle des *Gouvernants* (volonté des souverains), d'avec celle des *Gouvernés* (volonté populaire).

C'est, on le voit, le grand problème social : Antagonisme du Pouvoir et de la Liberté, qu'aucune constitution sociale ordinaire ne parvient à résoudre.

La distinction en est posée dès le premier chapitre de *la France vraie*, mais il faut l'éclairer des définitions aussi lumineuses qu'originales du Chapitre XXI, pour comprendre comment la synarchie résout cette difficulté autrement insurmontable.

Qu'est-ce d'abord, en principe, que ces deux pouvoirs politiques rappelés à l'ouverture de *la Mission des Souverains*? Il faut même dire les quatre pouvoirs, car la combinaison des deux premiers en constitue deux autres mixtes, qu'il y a lieu d'y ajouter : Ainsi, la Monarchie peut être automatique absolue (constituant le *Césarisme*), ou bien, se divisant entre plusieurs, devenir une sorte de république monarchique ; c'est l'*Aristocratie*.

De son côté, la république absolue se nommera *démocratie*, ou gouvernement par le peuple, mais elle peut se centraliser dans une certaine mesure par fédération ; c'est alors la *République*.

Il y a donc quatre formes sociales opposées deux à deux :

Césarisme
Aristocratie + République
Démocratie

Selon que le pouvoir est confié à un seul, ou à quelques-uns, ou à un conseil fédéral, ou au peuple même.

Mais chacune de ces formes constitue un organisme social imparfait parce qu'il est exclusif; elles sont comme les *tempéraments* de la constitution sociale, analogues aux tempéraments physiologiques, hypertrophie d'un des quatre systèmes dont la synthèse est la seule constitution normale.

De ces quatre tempéraments, deux sont propres aux gouvernants : le Césarisme et l'Aristocratie ; deux aux gouvernés : la République et la Démocratie. Or, la fonction sociale de ceux-ci n'est pas la même que la fonction de ceux-là. De même que ceux qui exercent l'autorité ne peuvent prendre part au Pouvoir parce que sa Force est incompatible avec leur Puissance d'amour; de même le Peuple, ou ensemble des gouvernés, mû par les instincts et la passion ne peut exercer le gouvernement qui a pour but de les régenter.

Cependant le Peuple et l'Autorité ont l'un et l'autre un droit ou un devoir spécial à remplir : celui de faire connaître: l'un ses vœux et ses désirs, l'autre sa science. C'est à la fois la raison d'être et la sanction de cette distinction fondamentale des gouvernants et des gouvernés.

Dans l'organisation normale, les gouvernements doivent réaliser, non leur volonté personnelle, mais bien la volonté populaire combinée à la Volonté universelle.

Le Pouvoir doit être l'intermédiaire réalisateur des vœux de l'Autorité et du Peuple, de la même manière que, dans la constitution de l'individu humain, la volonté est la faculté exécutrice de la décision intervenue entre les désirs passionnels et la Conscience raisonnable.

Cependant, ces deux Volontés, l'universelle et la populaire, ne peuvent recevoir le même genre de contribution au Pouvoir, la même expression, pas plus que la Conscience n'a dans la délibération volontaire la même sorte d'influence que le désir passionnel. L'Autorité, inflexible, s'impose, comme son nom l'indique, par l'immuable universalité des principes; le désir, essentiellement mobile et ignorant, flotte à tous les souffles de la fatalité ambiante.

La Volonté populaire est un élément passif, inconscient, qui ne peut faire plus que de s'exprimer pour demander, en quelque sorte, une direction déterminée propre à satisfaire sa propre nature, qu'elle ignore. Elle trouvera à se manifester par l'*Élection*; elle choi-

VIE SPIRITUELLE (Volonté Universelle assentie.)	VIE MORALE (Union, en harmonie, des deux Volontés, Universelle et Individuelle, fournissant la règle de conduite sociale.)	VIE ÉCONOMIQUE (Volontés individuelles prises dans leur totalité.)
Principe d'organisation monarchique assuré par le Pontificat suprême — la hiérarchie sacerdotale — et l'initiation (pour le recrutement).	Principe d'organisation, aristocratique, assuré par l'élection, parmi deux reconnus aptes par l'Autorité (Nomination par les Collèges électoraux élus par l'ensemble des citoyens).	Principe d'organisation démocratique assuré par le suffrage universel nommant les Collèges électoraux (et par la rédaction des cahiers)
Réalisation de la Fraternité (propre de la vie Universelle).	Réalisation de l'Égalité devant la Loi, (trait d'union des deux Volontés.)	Réalisation de la Liberté (propre de la Volonté populaire).
Trois fonctions	**Trois Conseils** / **Trois Ministres**	**Trois Collèges électoraux**
Sacerdoce pour les Dogmes, et leur unité (Théurgie, Initiations.) — *Spirituelle*	Législateurs, pour la Formation de la loi politique (élus par les Collèges électoraux) divisés en trois genres : de l'Autorité (Cultes, instruction, lois les concernant).	Ministres, pour l'Exécution de la loi sociale (élus par les Législateurs) réunis en trois Conseils d'État. De Vie intellectuelle (Le Primat)	D'Enseignement (économie de la vie intellectuelle).
Enseignement théorique de tout genre. Examens de capacité des Candidats au Pouvoir. — *Intellectuelle*	du Pouvoir (Justice, guerre, police, etc.), lois les concernant.	De Vie morale (Le Souverain justicier) Justice, armée de terre et de mer, Affaires étrangères, Grades et récompenses.	De Pouvoir juridique (Vie économique de la Magistrature).
Cultes publics. — *Pratique*	de l'Économie (Finances, travaux, etc.), lois les concernant.	De Vie économique (Grand économe) Finances, travaux publics, commerce, etc.	De Pouvoir Économique (Finances, production, distribution).
Autorité	**Pouvoir des Gouvernants (les Élus)**	**Pouvoir des Gouvernés (L'Électorat)**

sira ceux qu'elle croit capables de la gouverner normalement.

L'Autorité ne peut faire autre chose que de s'énoncer comme un principe hors duquel rien n'est normal; si elle se bornait à la fonction élective, ses élus pourraient être différents de ceux du peuple et le conflit dualistique naîtrait de la constitution même, au lieu de l'harmonie. L'autorité ne nommera donc pas les candidats au pouvoir, mais elle désignera au peuple tous ceux qu'elle juge assez en possession d'eux-mêmes et des principes universels pour être capables de gouverner les choses humaines.

C'est seulement parmi ceux désignés par l'Autorité que le peuple pourra choisir ses élus.

Ainsi : Fonctions de l'autorité : Enseignement (laïque et religieux, culte compris, et désignation par examen (intellectuel et moral) de ceux qui peuvent mériter le pouvoir.

Fonctions de la volonté populaire : le travail économique et l'élection, parmi les seuls méritants, de ceux à qui le pouvoir, directeur de la société, sera confié.

Voilà ce qui appartient aux gouvernés dans l'organisme social.

Quant aux gouvernants, ce qu'ils ont à faire, c'est d'abord de formuler en règles précises, les principes directeurs de la vie sociale, c'est-à-dire la *Loi*. Cette loi doit accomplir la Volonté populaire en la réglant sur la Volonté universelle; c'est dans la conscience même des gouvernants que devra s'effectuer cette harmonie. Le double choix de l'Autorité par l'examen, de la Volonté populaire par l'Élection, est la garantie de leur capacité à remplir ce rôle de législateurs.

Restera à assurer et surveiller l'exécution de la Loi, à faire fonctionner la vie sociale ainsi décidée dans son Verbe. Ce sera le rôle du Pouvoir exécutif, qui ne peut être mieux désigné que par les législateurs eux-mêmes, toujours sous la garantie d'examens préalables par l'Autorité.

Il ne reste plus qu'un détail à ajouter à cet ensemble de la vie sociale synarchique : Elle constitue une trilogie parce qu'elle est triple comme la Constitution humaine :

Vie intellectuelle et spirituelle : l'Autorité ou Volonté universelle.

Vie économique : la masse des citoyens et sa Volonté individuelle.

Vie morale : le Pouvoir, ou union réalisatrice de l'harmonie entre les deux Volontés.

Or, pour réaliser cette union, le Pouvoir doit être partagé lui-même, comme on l'a dit, en trois fonctions : Enseignement, Économie et Magistrature ; c'est ce qu'avait exprimé principalement *la Mission des Ouvriers* et ce que rappelle *la France vraie.*

On est maintenant en possession de tous les principes de la Synarchie, répandus dans les trois *Missions* ; on en va trouver la réalisation pratique dans le programme donné par *la France vraie* et que Saint-Yves attribue aux Templiers ; il est bon de le résumer dans son entier, au risque de quelques redites.

Fonction de l'Autorité : Enseignement laïque et religieux ; cultes ; désignation, après examen, des aptes à la candidature pour le Pouvoir.

Fonction des Gouvernés (autres que ceux qui ont l'Autorité): Établissement, par condensation régionale, de *cahiers* où chaque citoyen aura été appelé à formuler sa Volonté. Nomination, au suffrage universel à plusieurs degrés, et par ordres sociaux, d'un collège électoral temporaire qui choisira les gouvernants parmi les candidats désignés par l'Autorité. Ce collège est triple, par correspondance avec les trois divisions : des fonctions intellectuelles, de la Magistrature et de l'Économie.

Fonction des gouvernants: Elle comporte deux sortes d'institutions, savoir :

Fonctions législatives, exercées par les trois Conseils d'État que nomme le collège électoral : de l'Autorité, du Pouvoir et de l'Économie — et dont chacun décide, sur les affaires de sa compétence spéciale, avec le concours de commissaires élus pour représenter la volonté populaire auprès des gouvernants.

Fonctions exécutives exercées par trois sortes de ministres que nomment les trois Conseils d'État parmi les candidats acceptés par l'Autorité, savoir: Un *Primat* pour les fonctions d'Enseignement ; un *Souve-*

rain *justicier* pour les fonctions de magistrature ; un *Grand Économe* pour tout le travail national. Le Pouvoir exécutif central devra appartenir au Grand justicier [1].

On apercevra mieux, sans doute, cet ensemble par le tableau synoptique suivant ; il aura en outre l'avantage de rassembler des notions dispersées dans les trois missions et d'en montrer la concordance ou l'unité.

Avant d'achever son second volume sur la France, celui de Jeanne d'Arc, Saint-Yves croit pouvoir profiter du concours de souverains, de personnages et de Congrès (surtout en faveur de la paix) que va rassembler le Centenaire de 89, pour rappeler ses œuvres principales par une série de brochures poétiques. Ce sont des œuvres tout à fait accessoires qui ne doivent pas nous retenir longtemps :

Centenaire de 1789.

Poème de la Reine (à la Reine d'Angleterre).

Maternité royale et mariages royaux (à la famille royale de Danemark).

L'Empereur Alexandre III. Épopée russe.

---

[1]. Il y aurait à ajouter à cette rapide esquisse des observations importantes sur l'indépendance, le recrutement, le fonctionnement de l'Autorité, ou Pouvoir spirituel, et de la fonction judiciaire ; les Missions n'ont pas développé cette question capitale. Mais il est impossible de s'étendre ici à ce sujet pour faire ressortir les conséquences qui en découlent.

Il en a dit lui-même (dans la préface du dernier) tout ce qui en importe : La cause première de ces poèmes est dans la prière à lui faite par quelques jeunes poètes de leur donner conseil sur ce qu'ils pourraient faire pour servir la Synarchie ; il leur répond en essayant lui-même quelques pièces sur le succès desquelles il compte peu du reste.

Elles ont un autre but encore que Saint-Yves nous dit lui-même : « Étudiant l'Europe qui nous tient en « quarantaine, j'ai observé attentivement ses familles « souveraines, sans naïveté comme sans préjugé d'au-« cune sorte. Elles ont leurs ombres comme toutes les « autres ; mais elles ont aussi des rayons ; et c'est par « eux que les nations peuvent être menées à la paix du « Christ. J'ai vu sur les trônes plus de vertus qu'il n'en « faudrait pour arracher l'Europe à l'infernale et san-« glante ornière qui deviendra son abîme et le leur. « Mettre ces vertus à leur point de perspective... tel a « été le but de ces poèmes isolés.

« J'ai commencé ces publications par trois des sou-« verains et des peuples européens qui me semblaient « vouloir à ma patrie soit le moins de mal, soit le plus « de bien. C'est du Christianisme et de la Civilisation « en vers : Voilà tout. »

Que pouvaient ces petites brochures, là où *la Mission des Souverains* « par l'un d'eux », avait échoué. Pour les littérateurs, il ne paraît pas que Saint-Yves ait fait école parmi eux; on ne peut cependant se refuser au plaisir de citer comme disciples de Saint-Yves, le poète Émile Michelet, couronné, depuis, le premier, par l'Académie des Goncourt, et Ed. Schuré qui s'est si largement inspiré des enseignements de ce maître dans son magnifique poème en prose des *Grands Initiés*. C'est faire également honneur à tous trois.

Jeanne d'Arc victorieuse est encore un poème; c'est une « épopée nationale, dédiée à l'armée française, mais ce n'est pas à ce titre qu'elle peut nous intéresser ; outre qu'il s'agit ici non de juger Saint-Yves au point de vue littéraire, mais de retracer surtout le cours des pensées chez ce beau génie, nous pourrions peut-être nous sentir influencés dans l'appréciation littéraire, comme plusieurs autres admirateurs de ce cher maître, par le souvenir glacialement classique de *la Henriade*, malgré les plus beaux vers où se retrouve souvent l'inspiration de Victor Hugo.

Ce livre a d'ailleurs tant d'autres beautés en tous cas supérieures à celles de sa forme, qu'il y a bien assez à dire sur son but et sa portée. Toutefois comme les enseignements en sont surtout de nature philosophique et ésotérique, leur indication trouvera mieux sa place au chapitre suivant qui doit traiter de la doctrine du Maître.

Contentons-nous de dire ici, d'après la préface même, à quelle pensée répond ce livre.

Cette épopée nationale, dit Saint-Yves, retrace la « Vocation céleste de la Prophétesse et la Mission ter-

« restre de l'Héroïne. Les Mystères de la Sainte sont
« de trois ordres : religieux, politique et social. »

C'est l'ordre religieux qui sera indiqué plus loin :
Pour l'ordre politique, Saint-Yves dit encore : Le Prin-
« cipe et la Loi synarchiques qui apparaissent si évi-
« dents dans les Paroles et dans les Actes de la Pucelle
« confirment nos *Missions*, en éclairant d'une vive
« lumière la situation actuelle de la France et du reste
« du Monde. »

Et dans une préface magistrale, l'auteur développe
cette pensée en traitant, en termes dont les principaux
se sont déjà montrés prophétiques, de la neutralisation de l'Alsace-Lorraine, du socialisme d'État et surtout du grand conflit futur entre l'Orient et l'Occident,
ouvert déjà en Europe par le conflit entre la Russie
et l'Angleterre, auquel tous les autres sont subordonnés ; il doit aboutir dans le Pacifique entre l'antique
Asie et l'Amérique, héritière de l'Europe. Les limites
de notre cadre ne nous permettent pas de suivre l'auteur dans ces larges envolées.

Il est impossible d'en dire plus long non plus sur le
troisième rôle attribué à Jeanne d'Arc, celui social.
Malgré l'originalité de la thèse appuyée cependant,
comme le montrent les notes supplémentaires, sur des
pièces authentiques :

Selon cette thèse, « Jeanne d'Arc n'a pas plus été
« abandonnée de Dieu et de ses Anges après Reims
« qu'avant. » Si elle n'eût pas été trahie, sa mission

consistait, non seulement à délivrer la France, mais à en faire l'arbitre de la Chrétienté à Jérusalem même. Là un Empereur nouveau créé par elle et sacré par un nouveau Pape aurait réuni l'Europe entière en un seul corps sous la loi synarchique conservée par les Templiers, et le règne du Saint-Esprit serait établi par la femme selon les prophéties.

Mais Jeanne a été perdue par deux conseillers du Roi à l'ambition desquels elle portait ombrage : l'Archevêque de Reims et le Chambellan Thouars de la Trémoille. On a essayé de la faire tuer à Chinon, de la faire condamner avant sa mission au Concile de Poitiers ; le plan définitif de sa perte fut arrêté à Reims : la Trémoille l'empêcha de prendre Paris et se fit donner le gouvernement de Compiègne ; Flavy obéit et Jeanne fut livrée à Philippe de Bourgogne.

Ce poème chante cette Mission de Jeanne que l'avenir accomplira pour elle, et qui fera *Jeanne Victorieuse* :

« L'œuvre est complète en soi, ma sœur ; elle vivra.
« Le cours normal du Temps y développera
    « Le germe divin qui l'anime.
« Cinq cents ans sauveront l'Europe ; il n'eût fallu,
« Si ce Prince plus saint en toi s'était Élu,
    « Qu'un miracle de Cinq années. »

Avec *Jeanne d'Arc*, l'œuvre de Saint-Yves était achevée, telle qu'il l'avait conçue ; du moins l'œuvre sociale, c'est-à-dire immédiatement réalisable par des institutions appropriées. Il l'affirme énergiquement.

« Après avoir démontré cette méthode, depuis 1882,
« par tous les moyens qui étaient en notre pouvoir, après
« avoir attiré sur ces œuvres, en 1889, l'attention des
« Souverains par trois poèmes qui sont autant de
« vœux et de cahiers dans le même sens, nous con-
« sidérons notre Mission comme terminée *sous ce*
« *rapport*.

« Après *Jeanne d'Arc Victorieuse*, nous cesserons
« donc d'écrire et de discourir publiquement *sur ce*
« *sujet*, et nous attendrons que se produise ou non la
« contre-partie de notre œuvre d'altruisme. Cette con-
« tre-partie ne peut être pour nous qu'un examen offi-
« ciel de la loi synarchique. » (*Jeanne d'Arc*, p. 12.)

« Sur le sens de Synthèse donné à la Religion par
« les Chrétiens pour la distinguer du Culte particulier...
« là encore nous considérons notre tâche comme ter-
« minée, et nous déposons notre plume de ce chef,
« jusqu'à ce que notre œuvre de dévouement à la Paix
« mutuelle des Enseignements laïques et religieux ait
« reçu sa contre-partie officielle. Cette contre-partie
« ne peut être pour nous qu'un examen de la loi sy-
« narchique par le Conseil supérieur de l'Instruction
« publique en ce qui regarde la Science moderne, par
« l'Église Universelle, en ce qui regarde la Tradition. »
(*Jeanne d'Arc*, p. 18.)

Il restait à parfaire cette partie ésotérique réservée

en lieux sûrs (*Mission des Juifs*, p. 911 et *Jeanne d'Arc*, p. 15); on a dit dans la biographie quels chagrins vinrent assaillir alors notre malheureux Maître, rendant plus stricte et plus sévère que jamais la retraite où devait se faire cette élaboration suprême.

Le résultat de ces travaux ésotériques devait, pour bien longtemps peut-être, nous échapper, sans une circonstance toute particulière :

Dans une de ces heures de méditation religieuse et de prière qui interrompaient seules son labeur constant, Saint-Yves, à ce qu'il a raconté, reçut l'inspiration de son archéomètre, et ce qui le frappa particulièrement dans cette vision, c'est qu'elle lui fournissait une réalisation propre à démontrer clairement à tous le Mystère de l'Incarnation du Verbe, sujet principal de l'Ésotérisme, qu'il était condamné à maintenir secret dans sa pureté spirituelle.

Rien ne pouvait être plus conforme à la pensée constante de ce Maître qui, on l'a dit plus haut, s'était attaché toute sa vie à enseigner l'ésotérisme exclusivement par ses réalisations pratiques immédiates.

Dès ce jour il s'acharna avec un redoublement d'enthousiasme à ce travail nouveau qui devait, dans sa pensée, lui fournir un mode de conversion individuelle et de transformation sociale à la fois plus rapide et plus facile encore que la Synarchie.

Pour justifier complètement cette brillante espérance il faudrait bien connaître l'*Archéomètre* et nous n'en avons que des fragments. Voici, du moins, l'idée qu'il est possible d'en donner d'après ce que le Maître en a laissé transpirer.

On trouve la première trace de ce travail dans ce passage de la préface de *Jeanne d'Arc* où Saint-Yves se refuse une fois de plus à communiquer ses travaux ésotériques. « Pourtant, dit-il, nous ne faisons aucune
« difficulté de déclarer nos sources de vérité, en ce qui
« regarde l'Église Universelle.

« Elle se définit elle-même ainsi dans sa Synarchie
« à travers tous les Temps : *Église évangélique,*
« *Église mosaïque, Église patriarcale* 1.

« De là aussi la Synarchie de leur triple Révélation,
« leurs *Langues sacrées*, leurs Mystères, leur Synthèse
« voilée. »

Or c'est en travaillant les langues sacrées pour en éclairer les Mystères que Saint-Yves entrevit la disposition zodiacale de leur Alphabet qui constitue l'Archéomètre, sorte de dictionnaire pour la traduction des Mystères.

Tout le monde sait que les langues sacrées sont construites de façon à offrir un triple sens : positif (ou vulgaire), comparatif (ou symbolique et philosophique) et superlatif (ou spirituel, ésotérique). On sait aussi que le secret de cette construction, le moyen de cet enve-

---

1. C'est la division que l'on retrouvera dans la publication posthume des Patriarches (dont on va parler plus loin).

loppement sacré est dans les Alphabets des langues primitives parce qu'ils sont construits de telle sorte que chaque lettre est un hiéroglyphe qui correspond à un principe cosmique ou psychique.

Ces alphabets sont, comme le clavier du Verbe humain, un reflet du Verbe divin s'adressant à nos divers sens : par la *Forme*, par la *Couleur*, par le *Son*, et même à notre faculté intellectuelle la plus élevée, celle de l'Abstraction, par le *Nombre*.

Chaque lettre a, dans cette dernière sphère de l'esprit humain, son Nombre qui en dit l'Essence ; sa forme, qui donne, par le symbole et l'analogie, un sens plus positif ; le son et la couleur achèvent de le rendre sur un mode plus sensible encore.

L'étude de cette magnifique traduction du Verbe divin, legs précieux des génies antiques conservé avec un soin jaloux et transmis jusqu'à nous par les dépositaires des traditions sacrées, avait donné lieu déjà à de nombreux et savants travaux ; Fabre d'Olivet, particulièrement, synthétisant les recherches de ses prédécesseurs, en avait fait ce livre si savant et si profond de la *Langue hébraïque restituée*.

Saint-Yves, son disciple en ce point, voulut continuer, réformer, agrandir encore, et cependant simplifier en même temps, cette œuvre imposante, mais, pour ainsi dire, mal dégrossie encore, comme il avait élargi et transformé les autres travaux de ce Maître, ainsi qu'on le verra bientôt.

Au lieu de s'attacher à la seule langue hébraïque, comme l'avait fait d'Olivet, Saint-Yves remonte plus loin encore, aux sources premières du langage.

Dans sa synthèse nouvelle des éléments du Verbe, il ajoute deux alphabets et deux traditions correspondantes, corroborant la troisième, savoir : le Vattan et le Sanscrit Védique (enseignés par son Guru), pour la tradition *patriarcale* de Rama et de Noé, au-dessus de l'Hébreu, langue de la tradition *moïsiaque*.

Ainsi trois Verbes symboliques vont s'échelonner en un accord parfait sur la base du Verbe sensible des Formes, de la Couleur et des Sons, comme les résonances harmoniques majeures et mineures de la note fondamentale propre au Verbe divin.

Il restait à poser cette base suprême.

Elle est dans le Nombre, évidemment ; mais la Science du Nombre, mystérieuse et sacrée entre toutes, à peine connue du monde le plus savant, inachevée peut-être même dans l'esprit pourtant si vaste de Saint-Yves, ne pouvait en tout cas, ni satisfaire complètement la poésie native de son génie apollonien, ni surtout le conduire au but préféré de ses efforts : la traduction du langage divin sous des formes accessibles à tous et revêtues d'harmonieuse beauté.

C'est tourmenté par cette difficulté, qu'il reçut des séjours célestes, en réponse à d'ardentes prières, la révélation de l'Archéomètre, ou instrument de mesure des premiers Principes :

Cette expression poétique, et pour ainsi dire vulgarisée, du Nombre, elle existe, aussi antique que les trois alphabets primitifs, conservée et transmise par toutes les traditions ; on peut même dire plus immuable qu'elles encore, car elle est inscrite, sous nos yeux, au Ciel !

C'est le Zodiaque.

Pour peu qu'on en ait approfondi l'étude, ou qu'on l'ait étudié à la lumière des traditions sacrées, on sait quelle gamme de significations variées, fécondes et profondes, sont écrites dans cet admirable symbole cosmique dont le célèbre Tarot n'est qu'un faible reflet.

C'est, pour ainsi dire, l'histoire, la progression du Verbe qui y est inscrite ; il y vit tout entier ; il y raconte lui-même la loi de sa vie et de la Vie Universelle qui se retrouve dans nos saisons et leurs produits ; loi que l'Astrologie traduit au vulgaire et que l'Astrosophie retrace au philosophe [1].

Que la gamme des trois alphabets et de leurs réponses sensibles vienne se poser normalement sur le Zodiaque pris dans l'un de ses sens ésotériques supérieurs et la révélation cherchée, la traduction en sortira d'elle-même exacte et vulgarisée, mais vivante selon sa loi propre, et grandiose.

Or, dans sa vision révélatrice, Saint-Yves aperçut

---

1. Le nom de *Zodiaque* est la représentation de cette définition.

en un instant cette inscription des alphabets dans le Zodiaque.

Dès lors, formes, couleurs et sons sortirent pendant vingt ans sous les doigts de ce savant artiste pour faire entendre à tous en éclatants pantacles, en hymnes d'une harmonie toute nouvelle, la voix sublime du Verbe divin par qui tout est formé, sans lequel rien de ce qui est ne pourrait être.

Deux mots encore vont donner une idée de cette distribution et de ce que Saint-Yves voulait en tirer.

On sait que les astrologues partagent les signes du Zodiaque en quatre trigones (ou triangles équilatéraux) correspondant aux quatre éléments.

Ils pensent aussi que chacun des douze signes a un caractère particulier qu'ils empruntent à l'une des sept premières planètes de notre système parce que ce signe est comme son séjour préféré dans l'espace céleste. Par exemple, le Bélier est caractérisé par Mars ; le Taureau par Vénus, et ainsi de suite [1].

Les sept planètes elles-mêmes sont considérées comme autant de Puissances dont émane une influence spéciale, physique, morale et intellectuelle qui détermine ce caractère propre, qu'elles transmettent au signe. Par exemple, Mars est la Puissance de la Volonté indépen-

[1]. En astrologie le nom de *planète* a une signification plus étendue qu'en astronomie ; il signifie tout astre mobile, y compris le Soleil et la Lune, sans considération de leurs situations respectives.

dante, de la sensation, du mouvement en ligne droite ; Vénus est la Puissance productrice des sentiments affectueux, traductrice de l'idée en forme, cause du mouvement d'attraction, et ainsi des autres.

Comme il y a douze signes dans le Zodiaque et seulement sept planètes, chacune d'elles, à l'exception du Soleil et de la Lune, donne son caractère à deux signes avec une nuance distinctive, inutile à rappeler ici. Par exemple Mars est attribué au Scorpion, signe d'Eau en même temps qu'au Bélier, signe de Feu (et dans ce second cas, il est encore la force libre, mais spécialement la force qui vaporise, désagrège, etc.). Vénus est à la fois du Taureau, signe de terre, et de la Balance, signe d'air, et ainsi de suite.

Par suite de ces distinctions, on voit que la puissance caractéristique de chaque planète a trois nuances distinctes : une qui lui est propre et deux variétés de cette puissance correspondant aux deux signes qui lui sont attribués ; ces deux variétés sont indiquées par l'élément auquel ces signes sont assignés par le trigone.

Ainsi Mars, outre son influence propre, a celle du Bélier, signe de trigone de Feu (donc modification par le Feu) et celle du Scorpion, signe du trigone d'Eau (donc modification par l'Eau) et ainsi des autres.

Cela posé, Saint-Yves attribue, à chaque planète, trois lettres alphabétiques correspondant l'une au caractère propre, et les deux autres au trigone où se trouvent les deux signes de Zodiaque attribuables à la planète.

Voici exactement cette distribution en traduisant les lettres dans notre Alphabet français :

PLANÈTES	LETTRE correspondant à l'influence propre	Lettres correspondant à l'influence des trigones d'après les domiciles	
		Diurne	Nocturne
Saturne	S (Sh)	P (Ph) pour le Capricorne trigone de Terre	K pour le Verseau trigone d'Air
Jupiter	D	W (Ou) pour le Sagittaire trigone de Feu	R pour les Poissons trigone d'Eau
Mars	C	H (È) pour le Bélier trigone de Feu	M pour le Scorpion trigone d'Eau
Soleil	N	T pour le Lion trigone de Feu	»
Vénus	G	L pour la Balance trigone d'Air	V (O, U) pour le Taureau trigone de Terre
Mercure	Ts	Z pour les Gémeaux trigone d'Air	I (J, Y) pour la Vierge trigone de Terre
Lune	B	»	É (H, Ch.) pour le Cancer trigone d'Eau

Il manque trois lettres : A (Aleph, Alpha), qui est centrale et s'ajoutera à chacune des autres, et deux lettres doubles (Le Gnaïm hébreu et le Th, sorte d'aspiration).

On voit par ce tableau que si chaque planète correspond à trois lettres, réciproquement une lettre donnée a la signification de l'influence à laquelle elle correspond. Par exemple : P ou Ph a la signification de Saturne en tant que modifié par le Capricorne, signe principal du trigone de Terre (disant la concentration, l'emprisonnement d'un esprit dans un espace, la Puissance de Dieu dans la matière, par son Verbe). M a la signification de Mars en tant que modifié par le signe du Scorpion ; l'Eau, puissance essentiellement plastique, et à son degré le plus matériel (le Scorpion étant le troisième et dernier sommet du trigone d'Eau), animée par la Force libre : ou la Puissance embryogénique, qui produit des formes vivantes, etc, etc...

Toutes significations dictées avec précision par la haute Science de l'Astrosophie, laquelle est déduite elle-même de la loi de la Vie tracée par la Nature dans le Zodiaque. Ce sont donc des significations *vivantes*, des traductions réelles du Verbe divin, *l'essence même de tout langage* :

Ce n'est encore que la charpente de ce dictionnaire idéographique universel :

Les lettres zodiacales (celles correspondant aux trigones) se combinent d'abord deux à deux, puis trois par trois, avec addition des voyelles qui y ajoutent encore leur sens. Il en résulte une première série de syllabes dont la signification est fournie par la combinaison de celles propres aux lettres. Plusieurs de ces syllabes sont déjà par elles-mêmes des mots complets.

C'est ainsi, par exemple, que : le mot grec *PHO* signifiera *lumière* (la Puissance de Dieu, par son Verbe, mettant la matière en vibrations rythmiques).

O.Ph I, mot hébreu, est : la *Gloire de Dieu*.

RaMa, mot sanscrit, signifie l'*Exaltation*.

Et son inverse MaRa, en sanscrit, l'*amour, la Mort*.

Ma-R-Y-â-H (Marie) signifie la Pureté, la Vertu.

On enrichira ce premier vocabulaire en y ajoutant les lettres *planétaires*, c'est-à-dire celles du tableau qui correspondent au caractère propre de la planète.

Ex. : S-O-Ph-Y-a : la Sagesse de Dieu.

    Y-Sh-O., en hébreu : le Dieu homme, Sauveur.

    Y-O-Sh (e)-Ph (Joseph) : la sphère lumineuse de Dieu, etc., etc...

Enfin, ces éléments se prêtent à toutes les combinaisons les plus compliquées que les langues peuvent présenter ; le mot se décomposera toujours en ses racines primitives en le lisant syllabe par syllabe et lettre par lettre sur l'Archéomètre, pour quiconque connaîtra suffisamment les significations astrosophiques des planètes et des signes zodiacaux.

A ce titre, l'Archéomètre est en fait un lexique universel condensé en une vingtaine de significations essentielles qui sont comme la clef du langage.

Les notes de musique s'y ajoutent d'après les correspondances suivantes :

 Do correspond à Jupiter et à ses deux signes
 Ré — à Mars — — —
 Mi — au Soleil et au Lion
 Fa — à Vénus et à ses deux signes
 Sol — à Mercure — — —
 La — à la Lune et au Cancer
 Si bémol— à Saturne et à ses deux signes.

Tout le système musical a le *sol* pour note fondamentale.

Pour les couleurs, on part du triangle de Terre, dit Triangle du Verbe, de Jésus, ou trigone de la Terre des vivants.

Il porte : le Jaune sur le Capricorne ;

Le Bleu sur la Vierge ;

Le Rouge sur le Taureau

(d'après l'ordre décroissant des signes en Astrologie).

Le Triangle d'Eau, ou de Marie, Trigone des Eaux vives, porte les couleurs composées par les sommets du trigone précédent, savoir :

Sur le Cancer (entre le Bleu et le Rouge), le Violet ;

Sur les Poissons (entre le Rouge et le Jaune), l'Orangé ;

Sur le Scorpion (entre le Bleu et le Jaune), le Vert.

Les couleurs des deux autres triangles se composent de la même manière :

Le Lion est Violet-bleu. Le Sagittaire Violet-rouge (Pourpre). Le Bélier Rouge-orangé, et ainsi de suite.

Pour obtenir les formes correspondantes aux signes, Siant-Yves faisait vibrer trois sortes de plaques (ronde, triangulaire et carrée), de façon à leur faire rendre la note qui appartient au signe considéré (*do* pour le Sagittaire et les Poissons, et ainsi de suite) et les courbes que traçaient les vibrations sur la plaque (marquées par du sable fin qui la recouvrait) donnaient la forme correspondante.

Il faut remarquer que, par suite du point de départ qui vient d'être indiqué pour les trigones, ceux d'air et de feu sont subordonnés à ceux des éléments inférieurs. Il s'agit donc dans l'archéomètre, spécialement de tout ce qui concerne notre monde inférieur. Comme dans toute l'œuvre du Maître, l'ésotérisme reste voilé; il avait coutume de dire pour l'archéomètre qu'il réservait les mystères et l'Herméneutique; il ne donnait que ce qui concerne le Verbe en tant qu'incarné et agissant dans la matière.

La langue universelle ainsi condensée par ses principes, Saint-Yves entreprit de s'en servir pour une traduction nouvelle de la Bible. Le Poème posthume des *Patriarches*, publié récemment, donne une idée de cette traduction ; seulement il faut avoir recours à la correspondance des lettres dans l'Archéomètre pour y traduire avec quelque précision les mots hébreux qui y sont encore conservés.

Mais c'était là un travail de très longue haleine ; Saint-Yves, toujours anxieux de présenter l'occultisme non dans l'exposé de ses principes, mais par des déductions immédiatement pratiques, sociales ou même individuelles, voulait avant tout déduire et publier les applications esthétiques de l'Archéomètre.

On conçoit, en effet, que cet étonnant lexique fournit le sens intime non seulement de la langue parlée, mais aussi du langage figuré et même leur traduction mutuelle puisqu'il comprend, dans toutes ses parties, une forme, une couleur et une note musicale en correspondance avec une lettre. L'architecture, la peinture et la musique y trouvent leur vocabulaire avec son équivalent dans le langage parlé.

Saint-Yves commença par en tirer un système musical nouveau, fondé comme on vient de le voir sur la dominante de notre gamme majeure; il génère sa gamme spéciale en divisant la corde génératrice de la note fondamentale en 96 parties, parce que ce nombre, dans l'Archéomètre, est celui fourni par le trigone de l'Eau (en additionnant les nombres de ses trois sommets).

D'après ce système qui comporte sept modes, Saint-Yves a composé en l'honneur de chacune des sept puissances célestes des hymnes dont les quelques amis qui ont eu la bonne fortune de les entendre s'accordent à attester la majesté, la beauté solennelle et tout originale. Au jour de sa mort un premier volume de cette musique nouvelle sortait des presses de l'éditeur; c'était la première réalisation complète de l'Archéomètre: encore n'est-elle pas aussi achevée que l'avait rêvé le génie de l'auteur.

C'était ensuite à l'architecture et à la construction artistique des meubles mêmes que cet infatigable travailleur pensait s'adonner. Profondément artiste par nature, il voulait que tout notre milieu devînt réellement la splendeur du Vrai, selon la belle définition platonicienne du Beau.

Un brevet avait été pris, on l'a dit plus haut, pour lui conserver la direction normale de ces productions ; une société par actions avait été fondée pour son exploitation. Ce n'était pas, on s'en doute, dans une pensée de lucre, si étranger à ce grand esprit, bien incapable des calculs étroits de la spéculation, mais dans un but essentiellement religieux en même temps que social; il ramenait toutes choses au bonheur et à la progression véritable de l'Humanité.

Sa parole séduisante avait, en effet, convaincu quelques personnages de haute situation et dans les diverses branches de l'activité sociale. Ces actionnaires étaient appelés à devenir les auxiliaires actifs de son œuvre religieuse et civilisatrice en faisant comprendre par des conférences appropriées, aux ouvriers de ses usines, autant que possible, le caractère et la beauté toute spéciale, tout originale des produits sortis de leurs mains. En outre, des fêtes périodiques devaient être offertes à ces collaborateurs manuels, où, unis aux actionnaires eux-mêmes, ils devaient jouer un rôle correspondant au caractère de leur coopération ; les formes architecturales de la décoration, les formes et les couleurs des costumes, la musique des danses, des marches ou des spectacles, devaient concourir à la synthèse harmonieuse de tous les détails et de tous les personnages.

Par ces festivals d'ordre si singulier il ne se proposait pas seulement de rapprocher les diverses classes de la société dans la communion du Beau rendu particulièrement sensible ; il voulait surtout montrer à tous, par une manifestation évidente de charme et d'harmonie, quelle est la puissance à la fois délicieuse et pleine de majesté, du Verbe que tous auraient appris à reconnaître comme l'essence primordiale de leurs productions.

Instruction religieuse d'une originalité magnifique qui tendait à unir dans l'amour du Beau divin et par son charme, les cœurs si violemment opposés de nos jours par les intérêts sociaux individuels.

La mort n'a pas permis la réalisation de ce beau rêve, prématuré sans doute, qui demandait pour être mis au point une somme colossale de travail. Le génie de Saint-Yves y pouvait seul suffire.

LA DOCTRINE

En fait Saint-Yves était avant tout un philosophe ; philosophe des plus profonds, comparable dans ses conceptions aux contemporains les plus admirés. Il n'était pas, il ne pouvait pas être un réalisateur, il n'avait ni le loisir, ni la capacité de descendre aux détails, aux compromis, aux dégoûts que doit subir celui qui veut lutter directement contre les erreurs de son temps.

S'il s'est fait illusion quelquefois sur le genre de sa vocation c'était à cause de la nature même de sa philosophie. C'est en effet parmi les sociologues qu'il faut le compter ; et les sociologues purs sont assez rares.

La sociologie est l'application la plus élevée de la philosophie ; c'est l'ensemble des conclusions tirées des Principes premiers pour régler la conduite de l'Humanité à travers les siècles. Aussi presque tous les sociologues sont-ils d'abord philosophes, c'est-à-dire qu'ils ont commencé par établir, par eux-mêmes, un système particulier sur l'ensemble des Principes premiers ou tout au moins par se ranger à un système établi par quelque autre maître, dont ils déduisent eux-mêmes les conséquences sous la forme d'une constitution sociale nouvelle.

Tel n'était pas tout à fait le cas de Saint-Yves ; il ne veut pas qu'on le dise philosophe ; il n'a pas assez de sarcasmes pour les métaphysiciens ; ce ne sont pas des abstractions comme les leurs qu'il nous présente ; sa synarchie n'est pas une entité imaginaire ; elle est vivante, a-t-il soin de nous dire ; elle est la Vie cosmique elle-même.

En effet, Saint-Yves se présente immédiatement avec un type d'organisation sociale tout prêt ; il ne le déduit de rien ; il l'offre et le défend.

D'où le tient-il ? D'une tradition qu'il veut laisser cachée, qu'il laissera peut-être entrevoir, mais autant seulement qu'il sera nécessaire ;

Simple illusion, cette tradition que nous allons pouvoir rétablir à peu près complètement tout à l'heure, par un simple dépouillement des *Missions*, n'est après tout qu'une philosophie. C'est celle qui est au fond de toutes les religions et de toutes les philosophies.

C'est la religion même, pourra-t-il nous dire ; et ce n'est pas de la cervelle humaine qu'elle est sortie. Soit ! Elle n'en correspond pas moins à la définition de toute philosophie, c'est-à-dire à l'ensemble des principes premiers de toutes choses. C'est la philosophie de la religion.

Ces assertions vont mieux se comprendre en cherchant à assigner le rang que Saint-Yves occupe parmi les sociologues.

Ceux-ci se partagent, d'après les Principes fondamentaux qui leur servent de base, en quatre classes principales : les religieux pour qui l'Humanité est entièrement conduite par la Providence divine ; comme Bossuet, Vico, Herder, Fichte ;

Les jurisconsultes qui se fondent sur la notion du droit, et les métaphysiciens qui prennent pour base la raison humaine ; les uns et les autres, par conséquent, prenant l'Homme même comme une Puissance maîtresse de son sort. Tels sont : Hobbes, J. J. Rousseau, Montesquieu, Condorcet, Saint-Simon, Comte ;

Et les naturalistes qui l'assujettissent à la fatalité des lois naturelles comme Fourier, Louis Blanc, Hartmann, Spencer, etc.

Chacun d'eux est exclusif en sa doctrine, n'admettant pas de Principes différents des siens, quoiqu'il y ait encore entre eux bien des divergences secondaires.

Mais en dehors de ces quatre écoles principales, il en est une synthétique qui admet dans la direction des affaires sociales les trois Puissances supérieures : Dieu, l'Homme et la Nature, avec des rôles respectifs qu'ils établissent. Dans cette dernière classe bien plus restreinte que les autres, il faut encore distinguer ceux qui déduisent leur synthèse d'un système philosophique préalablement exposé, de ceux qui se contentent de tirer de l'histoire la justification de l'organisation sociale préconçue dont ils se font les champions.

Il va sans dire que cette organisation n'en est pas moins basée sur une doctrine philosophique spéciale ; seulement elle n'est pas mise en relief et n'apparaît qu'à propos des arguments historiques qui restent les principaux.

C'est parmi ces sociologues synthétistes historiens que Saint-Yves trouve sa place, et dans cette catégorie on ne lui voit d'analogue comparable que Fabre d'Olivet duquel il est si rapproché qu'on a pu, comme il a été dit, l'accuser d'un plagiat grossier envers cet auteur.

Cette calomnie, qui a pour soi les premières apparences, a entraîné trop de bons esprits sincères et de bonne foi pour qu'il ne soit pas indispensable d'en faire ici définitivement raison ; il n'y a pour cela qu'à rapprocher les doctrines de ces deux rivaux.

Commençons par Fabre d'Olivet :

Son œuvre se trouve dans trois ouvrages principaux : l'*Histoire philosophique du genre humain*, la *Langue hébraïque restituée* et les *Vers dorés de Pythagore*.

Sa revue historique se borne à la race blanche qu'il prend dans son état le plus primitif, comme peuple sauvage abandonné d'abord à lui-même, que son progrès met bientôt en contact avec des peuples très avancés déjà, ceux de l'Inde et de l'Afrique. Le premier degré de civilisation naît de l'amour et met le mariage à la base de l'édifice social; le langage se dégage ensuite, par évolution des premières exclamations de l'instinct.

C'est le premier âge de l'humanité qui s'est développée par l'instinct seul.

Dans l'âge suivant c'est aux passions qu'elle obéit : le mariage tourne à la polygamie; la femme est accablée par l'homme; la guerre et l'esclavage sont les premiers effets du contact avec les peuples d'Afrique qui ont enlevé les femmes blanches; puis les Européens obtiennent la paix et inaugurent le régime de la propriété individuelle appris chez leurs ennemis.

Dans un troisième âge enfin, qui verra l'apogée de sa progression, c'est par l'intelligence que l'humanité se règle.

La religion avec le Culte, borné à celui des ancêtres, prend naissance dans la vision de quelques femmes; ces Pythies deviennent les législatrices des peuples. Par les révélations qu'elles dictent, elles établissent pour le culte le collège sacré des Druides avec un souverain pontife et pour le gouvernement social un roi, Kang ou King, avec un général ou Mayer.

Fatigués de leur tyrannie qui va jusqu'aux sacrifices humains, un certain nombre de Scythes s'exilent en Orient; c'est l'exode de Ram et de ses partisans que l'on retrouve dans *la Mission des Juifs*.

Par la découverte du gui comme remède à l'éléphantiasis qui décime ces exilés, Ram devient l'envoyé divin, le représentant du grand ancêtre, et rassemble tout son peuple en *Théocratie*. Par la conquête du Touran, de l'Iran et de l'Inde il fonde un grand empire universel qu'il régit comme souverain pontife, après s'être adjoint un Roi ou Empereur. Il a perfectionné sa religion en empruntant le principe de l'Unité divine à l'Inde et la connaissance du Zodiaque aux Atlantes d'Afrique.

L'empire fondé par cet homme de génie donne à la race blanche de longues années de prospérité; c'est l'apogée du progrès pendant ce cycle.

La décadence commence par ce schisme d'Irshou dont il a été parlé aussi dans *la Mission des Juifs* et qui engendre le parti fondé sur la prédominance du Principe féminin; on se rappelle comment le despotisme s'ensuit et la division des peuples, avec la guerre perpétuelle, malgré les efforts du sacerdoce primitif et de ses émissaires : Zoroastre, Bouddha, Orphée, Moïse et autres. C'est l'histoire des premiers temps classiques ; la division et l'anarchie sont complètes à l'époque caractéristique de la prise de Troie qui marque la ruine définitive des sacerdoces de Ram.

Son empire universel achève de disparaître jusque dans ses derniers vestiges, notamment sous les coups des Romains, dans la période historique qui se termine à l'invasion des Barbares, et malgré les trois tentatives de réaction : intellectuelle par Jésus, animique par Odin; instinctive par Apollonius de Tyane, envoyés des centres sacerdotaux orthodoxes, seuls restes, maintenant cachés, de l'Empire de Ram.

L'invasion barbare ouvre un cycle tout nouveau qui est encore à ses débuts ; il va reprendre sur un mode un peu plus parfait les phases quaternaires du cycle précédent, de développement matériel, instinctif, animique et mental qui conduira une fois de plus l'Humanité à la prospérité temporaire d'un autre Empire universel, appelé comme celui-ci à déchoir dans la dernière phase de ce second cycle pour faire place à un troisième un peu plus heureux. Et ainsi de suite à l'infini.

On reconnaît immédiatement ici le disciple de Vico ; il a cependant modifié le système de son maître en des points essentiels ; sa doctrine philosophique est différente aussi.

Le sociologue, et particulièrement le sociologue synthétiste, comme sont ceux qui nous occupent, est en présence des questions les plus étendues et les plus mystérieuses de la philosophie, celles de la Cosmologie et de la Théodicée.

Semblable au biologiste qui doit fonder ses observations sur les sciences primordiales de la physique et de la chimie, le sociologue ne peut aborder ses vérifications historiques, ou ses conclusions pratiques sans avoir résolu nettement ces questions fondamentales :

D'où vient et où va l'Humanité ; quel est ce monde

qui sert de théâtre à son activité? Que sont ces Puissances divine et naturelle avec lesquelles elle partage la vie cosmique. Quels sont ses rapports avec elles ?

Il n'est pas très aisé de démêler dans les œuvres de Fabre d'Olivet la solution qu'il avait adoptée sur ces importants problèmes. Ce n'est pas qu'il ne les aborde, il en traite même assez longuement : ils occupent le tiers au moins de l'*Histoire du genre humain*, une bonne moitié de la *Cosmogonie de Moïse* et à peu près toute la traduction des *Vers dorés de Pythagore*. Mais c'est avec si peu de méthode, avec tant de suspensions, de renvois et de réticences, avec si peu de précision dans les termes, qu'on a peine à savoir si ce style à la fois dogmatique, pompeux, mystérieux et sentimental imité de Volney, de Dupuis ou de Delaunay, n'est pas fait pour masquer les confusions et les indécisions qui surprennent si souvent au temps où l'on arrive aux conclusions les plus importantes.

Voici du moins ce qui semble en ressortir :

Trois grandes puissances se partagent l'Univers ; ce sont : La *Providence*, le *Destin* et l'*Homme*, traité comme Règne hominal.

« Ces trois puissances considérées comme principes
« principiants sont très difficiles à définir ; car on ne
« saurait jamais définir un Principe, mais elles peuvent
« être connues par leurs actes, et suivies dans leurs
« mouvements. »

« Elles constituent le ternaire universel ; tout leur

« est soumis dans l'Univers, tout excepté *Dieu* lui-
« même qui, les enveloppant de son insondable Unité,
« forme avec elles cette tétrade sacrée des anciens, cet
« immense quaternaire qui est tout dans tout, et hors
« duquel il n'est rien. »

« Contentons-nous d'adorer en silence l'ÊTRE INEFFA-
« BLE, ce DIEU, hors duquel il n'est point de Dieux, et
« sans chercher à sonder son insondable Essence, cher-
« chons à connaître le puissant ternaire dans lequel il
« se réfléchit [1]. »

Ces trois puissances sont, en effet, créées par Dieu [2], elles constituent les trois formes de la *Nature univer-selle*.

La *Providence*, ou *Nature naturante*, en est « la par-
« tie supérieure et intelligente. C'est une loi vivante,
« émanée de la Divinité, au moyen de laquelle toutes
« choses se déterminent en puissance d'être. Tous les
« principes inférieurs émanent d'elle; toutes les causes
« puisent dans son sein leur origine et leur force. Le
« but de la Providence est la perfection de tous les

---

1. *Histoire philosophique*, Introd., § 18, p. 50.
2. Le mot créer veut dire « faire passer du Principe à l'Es-sence » (*Cosmogonie* de Moïse, p. 27, note). Le Cosmos a donc, comme on va le voir, trois états successifs : il est d'abord en *Principe*, au sein de Dieu ; en second lieu en *Essence* après la création ; et plus tard, il descend d'Essence en *réalité formelle*.
La création s'est faite en dix temps qui font l'objet des dix chapitres de la Genèse, d'après la traduction de Fabre d'Olivet.

« êtres, et cette perfection, elle en reçoit de Dieu même
« le type irréfragable. »

Le *Destin*, ou *Nature naturée*, est « la partie infé-
« rieure de la Nature Universelle. Il ne donne le prin-
« cipe de rien, mais il s'en empare, dès qu'il est donné,
« pour en dominer les conséquences », et par elles,
déterminer l'avenir ; « tout ce qu'il possède en propre
« est dans le passé. »

Les *Essences* des choses, fournies par la Providence,
« sont indestructibles parce qu'elles tiennent par leur
« principe à l'Essence absolue, qui ne saurait jamais
« passer ;... ce sont des entités divines comme l'Es-
« pace et l'Éternité absolue. »

Ces Essences émanent les *Formes* qui sont assujetties
dans le Temps (éternité relative) aux trois époques du
commencement, du milieu et de la fin, sous la contrainte du Destin, et le plus souvent le mouvement propre des Formes étant dérangé, elles périssent avant de
parvenir à leur fin. Car, par tendance, « toutes vou-
« draient occuper seules l'étendue terrestre ». Aussi, si
le Destin obtenait seul la domination, un épouvanta-
ble chaos bouleverserait le Monde.

« Mais la Volonté de l'Homme est là pour mainte-
« nir tout dans de justes limites. »

Qu'est-ce donc que l'Homme ?

« L'Homme (ou Nature volitive) est une puissance
« destinée par l'éternelle sagesse à dominer la nature
« inférieure, à ramener l'harmonie dans la discordance

« de ses éléments... » Cependant, « il est une puissance
« en germe seulement, laquelle, pour manifester ses
« propriétés, pour atteindre à la hauteur où ses desti-
« nées l'appellent, a besoin d'une action intérieure
« évertuée par une action extérieure qui la réactionne.
« En effet, l'Homme, la plus élevée des créatures de
« la terre, « appartient, quand il y arrive, au Destin qui
« l'entraîne longtemps dans le tourbillon de la Fata-
« lité », mais il porte en lui un germe divin qui ne
« saurait jamais se confondre entièrement avec lui. Ce
« germe, réactionné par le Destin lui-même, se déve-
« loppe pour s'y opposer. C'est une étincelle de la
« Volonté divine qui, participant à la vie universelle,
« vient dans la nature élémentaire pour y ramener
« l'harmonie [1]. »

Ce rétablissement est donc progressif, comme on va
le voir par le fonctionnement de ces trois puissances.

« La Nature intellectuelle (ou supérieure) ne fait que
« des règnes modifiés d'abord en espèces, ensuite en
« genres, et enfin en individus, par la nature inférieure.

---

1. *Hist. phil.*, loc. cit.
Il s'agit ici de l'Homme universel; quant à l'Homme individuel, il est libre également; « mais ces individus, quoique
« libres, ne sont pas isolés; ils font partie d'un Tout sur lequel
« ils agissent, et qui réagit sur eux. Cette action forme une
« sorte de lien qu'on peut appeler *solidarité*. Les individus
« sont solidaires dans les Peuples, les Peuples dans les Na-
« tions, etc... » (*Hist. ph.*, liv. V, chap. Ier.)

« Dans le règne hominal, les espèces sont les Races;
« les genres sont des nations ou des peuples; les indi-
« vidus sont des hommes particularisés. » Ce règne
hominal est considéré « comme un être unique jouis-
« sant d'une existence intelligible, qui devient sensible
« par l'individualisation. » (*Id.*, livre V, chap. I*er*.)

Les trois Puissances une fois émanées ainsi, forment non trois êtres, « mais comme trois vies distinc-
« tes dans un même être; trois lois, trois modes d'être,
« trois natures comprises dans une seule nature.

« L'Homme est une image abrégée de l'Univers, il
« vit également de trois vies que son unité volitive
« enveloppe. Cette Volonté agit sur trois modifications
« sans lesquelles elle ne pourrait pas se manifester :
« Le lieu propre de la Volonté dans le règne hominal
« est l'âme universelle. C'est par l'Instinct universel
« de l'Homme qu'elle se lie au Destin et par son Intel-
« ligence universelle qu'elle communique avec la Pro-
« vidence. » (Même chap.)

« L'essence de la Volonté est la liberté »; c'est elle
« qui fait être l'Homme ce qu'il est, et qui, l'inclinant
« vers la Providence ou vers le Destin, le conduit à
« l'une des deux fins de la Nature qui sont l'Unité ou
« la divisibilité, la spiritualisation ou la matérialisa-
« tion. »

C'est grâce à cette organisation spéciale que l'Homme
universel peut accomplir sa fonction d'établir l'harmonie dans le désordre de la Nature fatidique, au moyen

d'un jeu de bascule qu'on a vu opérer dans l'histoire philosophique de Fabre d'Olivet analysée plus haut.

« La Volonté peut rester dans son centre animique
« aussi longtemps qu'elle ne se divise pas. »

Dans cette situation elle a deux alternatives : Ou opérer selon les Lois de la Nature Naturante, elle est alors complètement dans son rôle ; l'unité qui se fait dans sa vie triple s'impose au Destin et en harmonise la marche.

Ou, travaillant pour soi-même et par son intelligence propre, « usurper la place de la Providence » pour dominer à son profit le Destin, mais comme il ne lui appartient pas d'en modifier les lois universelles, il devient, par leur réaction, la proie de la Puissance qu'il a prétendu dominer et, divisé, il perd sa propre puissance ; il devient lui-même cause d'un nouveau désordre dans le Cosmos.

« Si la Volonté libre peut changer réellement l'évé-
« nement du Destin, qui était fixe et nécessaire, et cela
« en opposant le Destin au Destin, elle ne peut rien
« contre l'événement providentiel, précisément parce
« qu'il est indifférent dans sa forme et qu'il parvient
« toujours à son but par quelque route que ce soit. La
« seule différence est pour l'Homme qui change les
« formes de la vie, raccourcit ou allonge le temps, jouit
« ou souffre, selon qu'il fait le bien ou le mal ; c'est-à-
« dire selon qu'il unit son action particulière à l'action
« universelle ou qu'il l'en distingue. » (Introduct., p. 52.)

On a vu, par l'histoire, que la Providence vient souvent au secours de l'Homme égaré ou plutôt vient réparer le désordre qu'il a causé dans le Cosmos : « Elle
« peut, par des moyens qui lui sont propres, moyens
« toujours nouveaux, toujours inconnus, qu'elle ne di-
« vulgue jamais, et que nul ne peut pénétrer d'avance,
« déterminer ces lois vers le but qu'elle s'était pro-
« posé; de manière que ce but soit toujours atteint,
« quels que soient les causes dont la Volonté provo-
« que librement l'existence, et les effets nécessaires
« et forcés qu'amène le Destin. » (*Hist.*, livre VII, chap. Ier.)

« L'Homme se trouve donc, en fait, entre deux *nécessités* ; elles sont, cependant, d'ordre différent : celle du Destin produit une contrainte inévitable ; celle de la Providence ne provoque généralement que l'*assentiment* de la Volonté ; sauf cependant le cas qui vient d'être rappelé, qui semble être celui où la Volonté s'expose à sa perte complète. Car « la Providence, évoquée
« dans l'une ou l'autre Puissance, en consolide les créa-
« tions, et leur communique le principe de vie que
« rien ne saurait posséder hors d'elle. »

Autrement dit, la liberté de la Volonté humaine est bornée à une certaine limite. Il en est une, notamment, qu'elle ne saurait éviter, c'est celle fixée par la loi qui assigne à toute forme une durée finie.

« Rien ne peut paraître dans la vie élémentaire sans
« subir les lois de cette vie. Or la première de ces lois

« est d'y paraître sous une forme assujettie aux trois
« époques du commencement, du milieu et de la fin. »

La société humaine est sujette à cette loi suprême comme toute autre forme ; elle passe toujours, comme l'année naturelle par quatre âges successifs : le premier sous le règne pur du Destin ; deux autres médians préparent le passage de ce règne à celui de la Providence ; ils sont remplis par le conflit soulevé par la volonté libre de l'Homme entre la Providence et le Destin, comme on vient de l'expliquer, et préparent progressivement la soumission de ce dernier à l'harmonie du plan divin ; le quatrième âge, qui est véritablement l'âge d'or, « apporte enfin le bonheur sur la terre et l'y
« maintient longtemps ; il est assujetti à des retours
« périodiques qui se mesurent par la durée de la grande
« année. » (Livre Ier, chap. V.)

En définitive, « le Cosmos est soumis à deux grands moyens d'élaboration : l'unité, et la divisibilité ; la formation et la dissolution ; la vie et la mort. (Livre V, chap. Ier.) Tout ce que l'Homme peut faire de mieux par l'exercice de sa volonté libre, est de hâter la venue du quatrième âge, pour lui donner sa durée maxima, en soumettant volontairement sa liberté à la Providence.

Quelles ressources a-t-il pour arriver à cet heureux résultat ? Comment peut-il connaître la Pensée Providentielle et y assentir ?

C'est un des privilèges de la nature humaine de pouvoir communiquer avec toute la hiérarchie du monde

divin, ou de la Providence [1]. C'est ainsi, par exemple, que, dans cette Égypte, d'où Moïse est sorti pour accomplir sa mission providentielle, l'ignorance était volontaire. « Dès le moment que les citoyens en voulaient
« sortir, ils n'avaient qu'à parler. Tous les sanctuaires
« leur étaient ouverts, et s'ils avaient la constance et
« la vertu nécessaires, rien ne les empêchait de mar-
« cher de connaissance en connaissance, de révélation
« en révélation, jusqu'aux plus sublimes découvertes.
« Ils pouvaient, vivants et humains, et suivant la force
« de leur volonté, descendre chez les morts, s'élever
« jusqu'aux Dieux, et tout pénétrer dans la nature élé-
« mentaire. Car la religion embrassait toutes ces cho-
« ses, et rien de ce qui composait la religion ne restait
« inconnu au souverain pontife. » (*Cosmogonie*, discours préliminaire, p. 8.)

Cependant, cette ressource sublime n'est accessible qu'à une élite excessivement restreinte du genre humain ; elle ne peut donc suffire au fonctionnement de l'Homme universel ; il en faut déduire pour le commun des hommes une ressource analogue à la portée de tous. Cet auxiliaire ce sont les religions.

Ou plutôt, selon Fabre d'Olivet, il n'y a qu'une reli-

---

[1]. Fabre d'Olivet lui attribue 12 sphères concentriques partagées en 3 quaternaires : celui des Dieux immortels, qui descendent de Dieu, celui des héros glorifiés et celui des démons terrestres, tous deux mortels ascendant vers Dieu. (*Vers dorés de Pythagore*.)

gion essentielle, celle de cette Science suprême et presque inaccessible ; cette religion est immuable, non transformable. Quand elle veut prendre forme, elle devient un culte, et se corrompt, tombant dans le danger toujours ouvert sous les pas de l'Humanité, celui de se livrer au destin par l'égarement de la volonté libre.

Il y a trois sortes de cultes (ou religions selon la dénomination ordinaire), tous dus au génie de quelque homme, et variables selon celle des facultés humaines sur laquelle leur fondateur les a basés.

S'il a puisé cette religion dans son intelligence, il voit les modifications universelles de Dieu, et il fait une religion Trithéiste (on en trouve en Chine, au Japon, au Thibet, en Inde, dans la Grèce et dans l'Italie anciennes), elle conduit aux vérités intelligibles de la religion unique.

Si le fondateur a perçu Dieu par sa sensibilité, il en voit les principes créateurs, qui sont doubles comme la Nature ; il fait un culte dyarchiste (Zoroastre, les Manichéens, la Scandinavie, etc.) qui conduit à l'essence des choses.

S'il a traduit Dieu dans son instinct, il en a vu les facultés et les attributs qui sont d'une infinie multiplicité comme la Matière, et il fait un culte polythéiste qui conduit aux principes naturels et par eux à l'idolâtrie (*Vers dorés de Pythagore*).

Ces cultes qui n'ont pour but que de donner au peuple des notions de la Divinité, sont incapables de le mettre en relation avec elle, et sont du reste tous plus ou moins erronés.

La conséquence est que la Direction suprême de la Conscience Humaine doit être réservée à ceux-là seuls qui sont capables de la seule religion immuable, c'est-à-dire aux sacerdotes et au Souverain Pontife qui est à leur tête.

C'est pourquoi Fabre d'Olivet ne reconnaît aucune forme sociale normale en dehors de la Théocratie. Et comment l'organise-t-il ? Sur ce point essentiel, il est resté fort vague : il dit bien expressément que la Société doit avoir à sa tête un Souverain Pontife à côté de l'Empereur, mais il n'établit suffisamment ni leurs rôles respectifs, ni les moyens de prévenir l'empiétement entre ces deux pouvoirs, temporel et spirituel.

Venons maintenant à la critique de ce système ; elle va faire ressortir tout un ensemble de différences fondamentales avec celui adopté dans *la Mission des Juifs* ; Saint-Yves même va nous aider à les voir par les quelques pages de critique, du reste fort élogieuses pour Fabre d'Olivet, qu'il a données dans *la France Vraie* (Pro domo, p. 93 et suiv.).

Le Dieu inexprimable de Fabre d'Olivet est un Dieu tout métaphysique, un Dieu théorique pour ainsi dire ; on n'a pas plus besoin de s'occuper de lui qu'il ne semble lui-même préoccupé de sa création. Après qu'il l'a produite, il rentre dans son immobilité tout abstraite et laisse fonctionner par lui-même le mécanisme à trois ressorts qu'il y a monté.

Le ternaire des trois puissances cosmiques ne constitue nullement une tri-unité, malgré l'affirmation de l'auteur, puisque les trois termes y sont en lutte perpétuelle; si l'on peut y trouver l'unité, c'est seulement par le despotisme mal déguisé et doucereux de la Providence, car, quoi qu'il arrive, ou elle sera obéie de bon gré par la volonté, ou celle-ci sera contrainte par le Destin, ou tout au moins son assentiment sera surpris. La Providence, dépositaire de l'idée divine, est donc, en fait, l'unique directrice, la seule pourvue de volonté véritable, effective; les autres n'en ont que l'ombre [1].

L'auteur ne nous répond pas non plus à cette terrible et perpétuelle question : pourquoi son Dieu a produit l'Homme faillible et pourquoi il l'a exposé à la tentation qui devait le perdre éternellement? En un mot il ne nous explique pas ce redoutable mystère du Mal dont il parle sans cesse dans tous ses ouvrages comme du plus caché, du plus inexplicable et cependant du plus nécessaire à connaître pour avoir une idée juste

---

1. Pour trouver cette trinité dans Pythagore et en déduire son quaternaire par l'addition de son Dieu absolu, Fabre d'Olivet s'est abandonné à une traduction tout à fait fantaisiste des *Vers dorés*, en y posant lui-même sa théorie. C'est ce qui fait dire si justement à Saint-Yves que la synthèse de d'Olivet est « pleine de l'infini et vide de l'Absolu » (*Pro domo*, p. 97). L'Absolu a pour nombre 0 et non pas 1 (qui n'existe point sans 2) et toute la série indéfinie.

du Monde. Il explique bien, il est vrai, dans sa *Cosmogonie de Moïse* (notes sur le verset 12), comment la chute d'Adam (qu'il définit comme le genre humain) a consisté en ce que cet Homme universel « a voulu « s'emparer du principe de son existence pour exister « d'une manière absolue et rivaliser l'Être-des-Êtres », ce qui était impossible, car « ou la faculté volitive « n'existerait pas, ou Adam serait Dieu ». Mais ce n'est là que reculer la question sans la résoudre, car on ne comprend pas pourquoi Dieu aurait mis un pareil désir au cœur d'une de ses créatures, ce qui l'a obligé à lui imposer le frein du Destin, alors que la Providence suffisait à réaliser sa pensée [1]. Ainsi ni la nécessité du Cosmos n'est expliquée, ni l'utilité de ses trois puissances n'est justifiée; tout le système reste pour ainsi dire suspendu dans le vide.

On va voir tout à l'heure dans Saint-Yves une théorie bien différente. La Trinité Père-Fils et Saint-Esprit est la première manifestation de l'Absolu lui-même en face du Cosmos et surtout de l'Homme; elle n'est pas le Cosmos lui-même; celui-ci est le produit d'un acte d'amour éternel dont les deux parents sont nommés dans le mot I-ÈVE (Père-Mère, ou Principes masculin et féminin). La conséquence est que l'union d'amour

---

[1]. Du reste Fabre d'Olivet s'excuse aussitôt de produire cette théorie en termes ambigus qui laissent douter s'il l'accepte ou s'il la renie.

n'existant véritablement que par le consentement mutuel des deux époux, chacun des deux principes est également libre d'accepter l'union qui est perpétuelle et progressive ou de s'y refuser. Le refus du Principe féminin est la cause de l'imperfection, de la transformation, que nous nommons la mort; de la souffrance, du mal. Ce refus naît toujours d'une illusion, d'une sorte d'erreur, de malentendu, d'essai malheureux inhérent à l'opposition qui est l'essence même de ces deux Principes complémentaires; il est nécessaire à la liberté du Principe passif, et par conséquent à cette union d'amour qu'est le Monde, en tant que manifestation vivante de l'Absolu; car le Père appartient à l'Absolu même, comme le Fils, comme l'Esprit-Saint et de toute éternité, bien qu'à des titres différents pour notre intelligence finie et concrète. Le Monde devient ici la Vie même de l'Absolu, bien qu'il ne le constitue pas comme le prétendrait le Panthéisme.

Saint-Yves a donc encore raison de nous dire : « Trop « métaphysicien pour être physiologue, Fabre d'Olivet « abstrait l'esprit de la vie, lorsque au contraire le grand « mystère du Verbe dans tous les ordres possibles de « science et d'art est leur Union. » On verra plus loin, en effet, comment cette Trinité représente l'Unité et l'Amour, au lieu de l'antagonisme mortel du ternaire proposé par d'Olivet.

De ce caractère tout métaphysique de sa théorie, Fabre d'Olivet déduit des conséquences singulières.

Comme il l'a fait consister dans la connaissance de Dieu par l'effort de la raison humaine, sans aucune lumière ni aucune intervention de la divinité dans les affaires du Monde, c'est à l'Homme seul qu'appartient le sort du Monde (au moins dans le cours d'un cycle), sauf, comme on l'a vu, les corrections que lui inflige le Destin ou la Providence quand il abandonne celle-ci ou la contrarie. Or la connaissance de Dieu n'étant accordée qu'à un nombre d'hommes excessivement restreint, c'est à eux seuls que peut appartenir la direction de la Société, avec le concours d'un pouvoir exécutif confié à un Empereur, auxiliaire du Souverain Pontife.

Quant à la masse générale des hommes, toute tentative pour lui faire connaître la divinité, et encore plus, pour lui obtenir la communication avec les êtres divins, c'est-à-dire toute espèce de culte est nécessairement une erreur plus ou moins funeste. Tout au plus peut-il être permis au vulgaire d'honorer la mémoire de ses morts ; c'est à peu près le seul culte, que d'Olivet paraisse déclarer tolérable. Par eux seuls il trouvera les forces nécessaires à son ascension vers un but qu'il ne peut soupçonner par lui-même, mais que les savants lui affirment.

Fabre d'Olivet avait fondé un nouveau « culte, ou « plutôt restauré un culte polythéiste, aujourd'hui sans « adeptes » et qui ne lui a pas survécu. C'est pourquoi Saint-Yves le qualifie de païen, avec raison.

« Sa religion, dit encore celui-ci, est l'hérésie ionienne

« de la déification de soi pour soi... La tradition do-
« rienne, mathématique, qui est celle de l'ésotérisme
« judéo-chrétien, dit au contraire : union de tout en
« Dieu. » Autrement dit, l'âme humaine est un membre actif dans une synthèse divine au sein du Verbe.

« L'autodéification ionienne est l'hérésie suprême de l'égoïsme spiritualisé », et l'œuvre entière de Saint-Yves est l'explication, l'apologie, la justification constante de l'ésotérisme judéo-chrétien.

Il n'est donc pas possible d'être plus différentes que le sont ces deux œuvres.

Pour Saint-Yves, loin que la religion soit une erreur dangereuse, il proclame avec le Christianisme que l'Église est constituée par la réunion des fidèles, éclairés seulement par leurs pasteurs sacerdotaux, mais libres et responsables. Le culte, comme on l'expliquera plus loin, est bien une communication directe avec la divinité.

Et si le peuple vient à faiblir au point de se livrer éperdument au Destin, c'est le Verbe divin lui-même qui descendra jusqu'à l'incarnation terrestre pour le sauver.

D'Olivet n'avait en vue que les efforts de l'Humanité vers l'exaltation de son propre état, ou l'Évolution humaine ; Saint-Yves nous montre en une synthèse autrement large et vivante l'Homme coopérant avec la Divinité à la Perfection harmonieuse du Cosmos, au bonheur de la Vie universelle.

L'interprétation historique n'est pas moins différente entre ces deux rivaux :

D'abord chacun d'eux cherchant dans l'histoire une thèse différente l'a présentée en conséquence : Pour d'Olivet il s'agissait de montrer la lutte des trois Puissances cosmiques établies dans son système philosophique ; Saint-Yves voulait prouver l'existence et les effets de la Synarchie ou de sa violation à travers les temps. Ces deux tendances, d'ailleurs fort légitimes, donnent aux deux œuvres historiques un plan tout à fait différent ; Saint-Yves n'admet pas le jeu des trois Puissances défendues par d'Olivet et d'Olivet ne soupçonne pas la Synarchie. Au contraire, quand Saint-Yves arrive à connaître son prédécesseur, il l'aborde avec la notion de la Synarchie déjà reçue depuis longtemps de son initiateur, de Metz, et ce sera précisément une marque particulière de son génie que d'avoir su trouver dans l'exposé si singulier de d'Olivet les bases sur lesquelles la Synarchie pouvait s'établir solidement : l'Empire de Ram et la mission de Moïse. Comment est-il donc possible de voir un misérable plagiat dans les emprunts, si larges qu'ils soient, d'éléments rendus si féconds, par des conséquences dont l'auteur n'avait pas eu la moindre notion ?

Ce n'est pas seulement la synarchie qui échappe à d'Olivet ; il ne voit pas davantage la vie de la société humaine. Il aperçoit bien que les peuples naissent, vivent et meurent, et il leur attribue les quatre périodes de la vie universelle, dont les saisons nous donnent l'image la plus nette. Mais cette loi est celle de leur mort surtout, la fatalité qui les domine ; dans ce cadre, il les voit abandonnés à toutes les fluctuations désordonnées de la lutte qu'il a imaginée entre ses trois puissances ; il ne soupçonne pas le cours normal de la vie des peuples dans l'intervalle de leurs âges nécessaires; il ne voit pas comment ils peuvent collaborer avec la Providence en qui doit être, selon lui, toute leur force.

Or ce cours normal, cette loi vivante, c'est la Synarchie, dira Saint-Yves, et la Synarchie, tradition fondamentale du genre humain, avait été rétablie par Ram d'abord, par Moïse ensuite; par Jésus-Christ plus largement encore. Et cela à des temps, dans des circonstances qui marquaient des étapes principales dans les âges de l'Humanité, tandis que d'Olivet, pour qui tout culte est radicalement vicieux, passe pour ainsi dire auprès de Moïse, auprès du Christ, en se contentant de les saluer, confondus dans le nombre des envoyés de la Providence : L'ère chrétienne ne compte pas même pour lui ; sa naissance passe inaperçue dans le milieu de sa onzième révolution qui est celle de la dégénérescence des cultes et du déclin de l'empire universel.

« L'admiration, dit Saint-Yves, fait place à un éton-
« nement mêlé de dépit, quand je vois le même homme
« ayant en mains de véritables clefs, ou du moins un

« bon passe-partout, n'en pas faire usage pour entrer
« dans le temple judéo-chrétien qu'il ne voit même pas.
« Ses préoccupations païennes le rendent aveugle à la
« synthèse intellectuelle et sociale du Judéo-Christia-
« nisme, si visible pourtant, non seulement dans l'éso-
« térisme du texte hébreu des deux Testaments, mais
« encore dans l'histoire universelle et dans sa Loi. »

Aussi, quelle différence entre eux dans la manière de traiter l'histoire ! Ici comme en philosophie, d'Olivet ne voit que l'évolution du genre humain qu'il prend à un état sauvage tout hypothétique, et encore ne le voit-il qu'à travers les suppositions toutes gratuites des encyclopédistes et des idéologues de son temps. Un tiers au moins de son histoire est occupé par le roman construit par ces précurseurs de nos darwinistes ; il le rajeunit à peine par quelques traits de sa haute érudition philologique ou de ses connaissances en ésotérisme : La civilisation naît de l'amour sexuel ; le langage parlé sort lentement du langage par signes et des exclamations de l'instinct ; la religion, le culte naissent des songes ou des visions de la femme et se perfectionneront par la progression des idées. C'est elle qui, par le même moyen, révélera la musique et même l'organisation sociale, la propriété, la distinction des castes et des pouvoirs ; la théocratie s'établit par un rêve qui fait connaître à Ram le remède contre une épidémie qui ravage son peuple. Ces hypothèses étroites viennent-elles à faire défaut sur quelque point, d'Olivet a recours aux voisins civilisés de la race blanche qu'il considère seule : c'est par les noirs que la guerre est engendrée, parce qu'ils ont enlevé des blanches ; des mêmes relations sortirent ensuite l'esclavage, les traités, le commerce. Ce sont les noirs aussi qui font connaître l'écriture : ce sont les Indiens qui perfectionnent la religion en fournissant à Ram la notion de l'unité de Dieu. Ces débuts longuement établis avec l'empire universel de Ram, apogée de ce cycle atteint il y a huit mille six cents ans environ, l'histoire s'écoule avec une telle rapidité qu'on en aperçoit à peine les événements les plus saillants, jusqu'à l'invasion des Barbares. Les temps modernes sont ensuite esquissés dans les mêmes disproportions et comme confirmation de la thèse des trois Puissances.

Combien différent est le procédé de la *Mission des Juifs* ; au lieu de nous perdre dans les ténèbres originelles de la société humaine, Saint-Yves la prend au siècle de Ram, qu'il a soin de nous montrer pourvu déjà d'une civilisation si avancée que nous n'avons presque rien à lui envier et que nous avons beaucoup à lui emprunter. Est-ce là une pure hypothèse? Les détails en sont empruntés aux livres sacrés de l'Inde bien connus maintenant; beaucoup est demandé aussi à la profonde érudition de Fabre d'Olivet, mais Saint-Yves a pris le soin d'abord d'en vérifier toutes les sources (*France vraie*, p. 104), et l'on peut se faire une idée de leur abondance en ouvrant seulement les maîtres de d'Olivet tels que Dupuis, Boulanger et d'autres (V. *France vraie*, p. 96) pour en voir les innombrables notes: toute l'antiquité y figure. Quant à l'état de la civilisation antique, cinq chapitres préliminaires en démontrent l'esprit et l'étendue.

Ces préliminaires établis, la preuve en est tirée de la tradition d'où vient la synarchie, de son application par Ram, de ses effets, des causes de son abandon et de leur effet; preuve dont les arguments seront largement empruntés à Fabre d'Olivet, mais, encore une fois, pour une thèse qu'il ne soupçonnait pas.

Ensuite l'histoire universelle se déroule tout entière, complète et majestueuse, appuyée, quand il le faut, des découvertes les plus récentes et de l'érudition moderne. Sans doute elle est centrée sur l'histoire du peuple hébreu, fondé par Moïse — ce qui est du reste une différence capitale de plus avec d'Olivet — mais du moins, aucun peuple, sauf ceux d'Extrême-Orient, aucun fait capital n'y est omis; le cours n'en est faussé par aucune division arbitraire qui déroute le lecteur. La *Mission des Souverains* achève, avec moins d'ampleur cependant, cette revue magistrale que la *Mission des Juifs* laissait à la fixation de l'Église chrétienne par Constantin.

Est-il encore besoin, après ce long parallèle, de faire ressortir la complète divergence de nos auteurs dans leurs conclusions sociologiques? N'a-t-on pas vu suffisamment d'Olivet aboutir au despotisme théocratique à deux têtes dont il ne peut pas même établir l'entente, et Saint-Yves défendre partout la constitution trinitaire où les extrêmes sociaux viennent se rassembler harmonieusement sur le moyen terme du souverain ? N'a-t-on pas vu Saint-Yves soutenir partout l'indépendance, la vie large, complète et saine des inférieurs, non en opposition avec les supérieurs sociaux ou cosmiques, ou sous leur contrainte, mais en pleine liberté au contraire et sous leur direction pleine de sollicitude et d'amour parce qu'elle est éclairée d'en haut ?

En religion, c'est le profane qui s'exprimera librement dans l'Église même, avec la plus grande tolérance du Sacerdoce et celui-ci surveille avec amour l'état de ces âmes encore jeunes pour les élever vers le divin qu'il leur communique.

Dans la société c'est le gouverné qui manifeste librement sa volonté et ses désirs au souverain, parce que si la nation doit entendre les cris de sa conscience lancés par le Sacerdoce, elle doit être libre de ses décisions comme elle en est responsable envers la Divinité même qui jamais ne force la décision, car telle est la grandeur qu'elle a voulu à l'Homme, réalisateur de sa volonté sur la Terre.

Où nous conduit, au contraire, Fabre d'Olivet ? Régime des castes qui repousse l'inférieur loin du supérieur, le sujet loin du souverain, le profane loin du sacerdoce, l'ombre loin de la lumière, et le double

impérialat césarien de la science et de la Force pour
forcer la Conscience et l'instinct de l'ignorant et du
faible. Qu'est devenue dans ce cadre de fer la sollicitude divine ? Que son sujet lève les yeux au Ciel, qu'y
trouve-t-il encore : ses maîtres et eux seuls ; il n'y a de
culte pour lui que celui des ancêtres ; son infirmité est
incurable. Rien n'est donc plus juste que cette définition d'un pareil système :

« Universalité métaphysique et polythéiste, pleine
« de la notion de l'infini, mais veuve de celle de l'ab-
« solu. » (*Pro domo*, p. 97.)

C'est pourquoi Saint-Yves disait encore, avec autant
de raison : « Mais alors le tableau est à recommencer
« avec une autre loi de perspective telle que les faits y
« parlent tout seuls et racontent eux-mêmes ce qu'ils
« signifient. »

Et c'est ce qu'il a fait sur un plan, suivant une loi
qu'il possédait avant de connaître d'Olivet et pour lesquels il ne lui a rien emprunté, sur lesquels au contraire
il est avec lui en pleine contradiction.

Il est temps de résumer ces principes, cette doctrine
de Saint-Yves dont les développements précédents ont
fait entrevoir déjà les traits principaux.

L'Être que nous désignons par le nom de Dieu est
insaisissable dans l'unité de son essence ; « sa première

« manifestation, la seule biologiquement accessible à
« l'âme et à 'lEsprit humain, était envisagée (dans l'an-
« tiquité) comme une Dyade androgynique éternelle-
« ment et indissolublement unie... elle s'appelait dans
« les sanctuaires I-ÈVE, Iswara-Prakriti, Osiris-Isis, etc.
« Tel est le Dieu créateur, Père et Mère, de Moïse...
« dont la première lettre exprime le Principe Masculin
« universel ou l'Esprit de l'Univers, et dont les trois
« autres lettres expriment le Principe Féminin Uni-
« versel ou l'Ame de l'Univers. » (*Miss. des Juifs*,
p. 236. Théogonie des Patriarches, Aleph.)

Nous ne connaissons donc Dieu que par le monde
de la réalité où tout nous apparaît en dualité. Mais
pourquoi cette création, pourquoi l'Être Ineffable fait-il
naître le monde réel de son Être Absolu ? — Par Amour,
pour produire des existences multiples appelées à participer de son Unité, dans l'Amour réciproque :

Hors de pair, j'ai d'abord produit ma Parité ;
« — Dieu, ma Divinité, — Créateur ma Nature, —
« Absolu, l'Infini pour qu'il fût plénitude, —
« Car donner le Bonheur est ma Béatitude.

Le premier acte de la création est le dédoublement
de l'Unité absolue en la Dyade : Père-Mère (Toute-
Puissance et Sagesse Infinie), acte inspiré par la Puissance d'*Amour* qui était aussi en l'Absolu.

Le second acte (non dans le Temps, mais de toute
éternité) est la génération du VERBE, ou « *Raison*

Divine, ordonnant ses puissances ». « C'est par Elle
« que tout fut créé, car sans Elle, rien n'étant évoqué,
« rien n'aurait existé. » (*Nouveau Testament*, versets 1
et 3.)

Cette Parole crée tout en se proférant par son souffle : « Esprit pur... Saint-Esprit de la Vie éternelle. »
« Esprit des Dieux de sa Parole dans l'Univers Divin
« dont il est le Soleil. » (*Théogonie des Patriarches
HE*.)

Ainsi se trouve constituée la Trinité chrétienne :
« Père, Fils, Saint-Esprit ; le Père renfermant en lui
« la Mère, ou la Nature. » (*Miss. des Souver.*, p. 251), le
Saint-Esprit se trouvant à la fois chez le Père comme
Amour, chez le Fils comme Souffle créateur.

> « Cet Univers des Dieux préexiste à tout autre
> « Et survivra toujours, parce qu'il est Divin.
> « C'est la Divinité splendide, projetée
> « Devant Dieu, par lui-même, un et triple à la fois. »
> (*Théog. patr. HE*, 2ᵉ strophe.)

En face de cette Trinité spirituelle et vivifiante, mais
uniquement potentielle par nature, représentative de
l'*Être*, mais n'ayant point par elle seule l'*Existence* ou
réalité, se trouve le *Non-Être*.

> ... Chaos sans Loi, Vide sans Forme ;
> Et la Ténèbre-Ignée étendant son linceul
> Sur l'Infini, voilait et voilerait encore
> L'Espace sans Mesure et sans Dimensions.
> (*Anc. Testament*, verset 2.)

si Dieu n'était descendu dans son abîme pour le vivifier et y créer l'Univers.

« L'antique Science Dorienne envisageait la Chute comme une progression cosmogonique descendant de l'*Etre* absolu jusqu'au *Non-Être* » (*Miss. des Juifs*, 314)[1].

Et le Non-Être primitif une fois animé devient un Être nouveau, la Nature, à qui le désir tient lieu de Puissance, pour s'élever vers la Toute-Puissance de son Créateur, tandis que celui-ci continue à descendre à sa rencontre et perpétue ainsi leur éternelle union, productrice de l'Univers :

Car « depuis l'Univers et les grands Êtres Cosmogoniques, jusqu'aux derniers des plus humbles des animaux et des végétaux sur cette terre, toute existence résulte d'un double mouvement génésique et générateur, intelligible et sensible, spirituel et hyperphysique. » (*Miss. des Juifs*, 259.)

Tout vit de la vie divine; « l'Univers est le fils vivant de l'Union par laquelle crée l'inaccessible Unité, cette union éternelle des Deux qui ne font qu'un. » (*Id.*, p. 263.)

Iswara-Pracriti; — Osiris-Isis; — I-EVE étaient à tous les degrés l'expression de cette « indissoluble Union biologique à laquelle l'Univers doit son existence. » (*Id.*, p. 258.)

---

[1]. Il ne s'agit pas ici de la chute de l'homme dont il sera question plus loin.

« L'Esprit et la Matière sont réconciliés dans le
« Verbe Être, dans la Vie, sans laquelle l'un nous
« serait aussi peu perceptible que l'autre. » (*Jeanne
d'Arc*, p. 21.)

La descente créatrice de l'Être vers le Non-Être, du
Créateur vers la Nature, n'est pas instantanée ; son
processus fait l'objet de la Genèse moïsiaque, et voici,
en abrégé, ce qu'y fait voir la traduction de Saint-Yves
(*Ancien Testament*, Moyse) :

Dans un premier cycle (le 1ᵉʳ des 6 jours), le Verbe,
par qui tout a été fait, crée d'abord l'Ordre des *Alhim*
(ou Elohim), Olympe d'Archanges, ses auxiliaires, âme
et raison de l'Univers des Astres.

Puis l'Esprit-Saint soufflant son énergie dans le Vide,
et s'unissant à lui, l'anime pour y produire la Substance-Unique ou Lumière-Esprit, Vie éternelle, d'où
naîtront trois Univers :

Celui de la Vie Céleste, ou Jour (IOM) ;

Celui de la Vie Terrestre, ou Ténèbres (Yleh) ;

Et Celui de la Vie Humaine [1].

---

[1]. L'interprétation de Fabre d'Olivet était différente (voir
Cosmogonie de Moïse).

D'après lui, Elohim est l'Absolu même, l'Être des Êtres.

Il crée l'Ipséité des deux Pôles; les Cieux, ou Providence,
ou Nature naturante — et la Terre, puissance d'activité comprimante qui enveloppe d'un espace limité la Puissance d'être ;
c'est la Nature naturée ou Destin ; le souffle d'Elohim la sépare
de la Puissance d'Être.

Et l'on se rappelle par l'exposé précédent comment ces deux

Ainsi formée cette substance est séparée, dans le Vide des Espaces, des Ténèbres qui n'ont pas encore reçu la lumière vivifiante : l'Univers est limité ; les Indiens le nomment l'Œuf de Brahma.

Le second cycle (ou deuxième jour) est consacré à la création de l'Univers céleste, ou Empyrée, sorte de foyer intérieur au monde de la Lumière divine, où seront concentrés « les ordres du Verbe à travers ses « *Alhim*, pour être projetés en fonctions et en Lois des « Milieux différents ; Ondes sur Ondes, Mers sur Mers, « Orbes sur Orbes ». Ces cieux forment « l'Église Angélique du Verbe », peuplée des Hiérarchies divines, auxiliaires des Elohim.

Les deux Cycles suivants sont remplis par la dynamisation des fluides d'en bas qui donne naissance d'abord aux genres minéral et végétal, et ensuite aux espèces des astres, c'est-à-dire aux sept hérauts de l'Aor, que nous nommons les Puissances planétaires et qui sont réparties en deux ordres : diurne et nocturne.

Dans les deux derniers cycles, le Créateur insuffle, dans la Matière, Nephesh ou l'Ame de triple nature, qui caractérisera les genres d'animaux (aériens, aquatiques et terrestres). Puis enfin, l'Être est donné par l'Union de tous les Dieux de l'Univers divin, à l'Adam du

Natures, au lieu de s'unir en harmonie vivante vont s'opposer en se disputant la Nature volitive créée plus loin.

Rien ici de semblable aux éternelles et sublimes noces que décrit Saint-Yves.

Genre Humain, pour être le Chef de tous ces genres.

Adam est « formé comme les Dieux de deux Ames
« s'aimant dans un même Corps d'Ange, Mâle et Femelle
« en Un ».

Au septième jour, les Hiérarchies célestes, « Im-
« mense Armée en marche incessante à travers l'Infini
« défini, l'Éternité nombrée » rentrèrent dans l'Em-
« pyrée pour célébrer l'œuvre accomplie, que bénit
« IÈVÉ, le Père.

> « Alah, le Tout-Puissant, ThOa, Signa du Tho,
> « Du signe de la Croix des Fins Universelles,
> « Les Générations du Ciel fluide et celles
> « De l'Univers Astral.
>
> (*Moïse*, chap. 2, verset 4.)

Puis, reprenant Adam qui n'était encore que le chef désigné des créatures terrestres, IHOH-ALHYM, le Dieu vivant de tous les Dieux, insufflant jusqu'au fond de son être l'Esprit céleste des Alhim, transposa

> « Son corps spirituel de son Genre à l'Espèce,
> « Amphybie et Super-Astrale, d'ADA-MaH.
> « Adam Sur-Animé fut donc mis au-dessus

de l'Ame universelle et de la Vie animale.

On dira tout à l'heure le rôle de réalisateur de la divinité qui lui est attribué, et les faits qui en sont résultés ; il faut achever d'abord ce tableau de l'Univers : on vient de dire la création, il reste à la voir vivre dans l'ensemble des Puissances et des êtres qui la peuplent.

Par rapport à notre Terre, et au-dessous de l'Empyrée ou Cieux, indiqués plus haut, la hiérarchie invisible se compose encore des Anges, des Saints et des héros, qui sont les plus rapprochés de nous.

L'Empyrée comprend dix cieux ; là aussi les sept Églises du Ciel abritent les sept Puissances, hérauts de l'Aor. (*Jeanne d'Arc*, p. 46-47.)

Les neuf chœurs d'Anges qui peuplent la région suivante comprennent les Esprits généraux des planètes, car l'Humanité de chaque terre « a derrière elle un « Esprit général qui l'agite, l'emporte et la mène. » (*Miss. des Juifs*, 353.)

De même, chaque Nation a son Esprit collectif dans le ciel des héros (*Id.*, p. 272 ; *Jeanne d'Arc*, p. 70) assisté d'un Ange.

Ces esprits résident au Ciel des héros ; ils s'y combattent comme leurs Nations sur la Terre et avec elles. C'est ainsi que Jeanne d'Arc, décidée à se sacrifier pour sauver la France, est conduite par l'Archange Michaël, du soleil, séjour des âmes les plus élevées, sur notre Terre, puis secondée par les héros et les saints dans tout le cours de sa mission, selon ce qu'elle décrit elle-même. (*Jeanne d'Arc, passim*, notam. chant IX.)

Plus bas sont les esprits de la Nature, collaborateurs instinctifs de cette Puissance Cosmique supérieure définie précédemment ; ce sont les Sylphes, les Fées, les

Ondines, les Gnomes de nos vieilles légendes, ennemis acharnés de tout homme égoïste, serviteurs dévoués de tout être humain au service de Dieu. (*Miss. des Juifs*, chap. IV; *Jeanne d'Arc*, 89 et 93.)

Ces êtres d'harmonie ne sont pas les seules Puissances invisibles; « il est dans l'Univers comme dans l'Hu-
« manité des forces de dissociation, qui doivent être
« conjurées et au besoin combattues » (*Miss. des Juifs*, p. 461); ce sont celles engendrées par toutes les passions basses et égoïstes de la Terre. « Dans l'enchaîne-
« ment des actes individuels à l'exercice d'un Pouvoir
« radicalement vicieux, il y a non seulement la mani-
« festation visible de ce dernier, mais aussi celle d'une
« Puissance à laquelle il correspond, et qui le mène
« jusqu'au bout de sa logique inconsciente pour lui,
« mais non pour elle. »

Cette Puissance particulièrement mise en action dans le XIIe chant de *Jeanne d'Arc* est celle que l'on désigne sous le nom de Satan (Sat, Seth, Sothis, Saturne, etc...) et à qui l'idée du mal par excellence reste attachée dans notre Race. (*Miss. des Juifs*, 141.)

« D'après les Kaldéens et les Mages, Daniel l'a
« qualifiée d'anti-Dieu et d'anti-Christ; les Égyptiens
« la classaient parmi ce qu'ils appelaient les Géants,
« les *Forces propres de la Terre matérielle.* »

Telle est, en effet, dans le Monde et en dehors de l'Homme, l'origine du Mal qui se trouve, comme tout acte particulier, focalisé pour ainsi dire dans cette

Puissance de dissociation. Il est nécessité par la limitation des créatures ; comme cette limitation s'oppose en effet à ce qu'elles puissent assentir à l'amour du Créateur dans sa plénitude et autrement que par progression à travers le temps, et comme le Créateur ne contraint jamais cet amour qui n'est réel qu'à condition d'être libre, il arrive un moment où la créature, se refusant aux sollicitations de la Providence et s'enfermant dans l'impuissance de son infirmité, y engendre la souffrance pour elle-même et la destruction pour ses œuvres maintenant détachées de l'Infini. C'est par cette souffrance que les égarés reviennent pour une période nouvelle à l'Amour inépuisable du Père Universel.

Chez l'Homme libre et conscient, cette faute, sur laquelle nous aurons à revenir bientôt, constitue les vices de l'orgueil ou de la paresse, source commune de l'égoïsme. C'est ce qu'exprime le poème de Jeanne d'Arc par cette peinture de la Puissance de dissociation :

> Satan a resplendi, car ces Feux sont les Ames
>   Qu'il s'incorpore ainsi :
> Du Front aux Pieds, selon le Crime ; et sous son Aile
> Droite ou gauche, selon que l'Ame criminelle
>   Fut Homme ou Femme ici.

Voilà, tout au moins dans son Principe, cette explication du Mal dont Fabre d'Olivet faisait, on ne sait pourquoi, tant de mystère et que Saint-Yves caractérise si nettement, par la résistance des Forces propres de la matière terrestre aux sollicitations de l'Esprit céleste. Il reste sans doute infiniment plus à dire sur ce problème capital: on en va retrouver plus loin des applications nouvelles, mais ce que Saint-Yves en dit suffisait à son sujet.

Une pareille explication du Mal comme conséquence forcée et temporaire de l'Amour infini, auquel le Monde doit son existence même, comporte aussi une conception de la Providence et du Destin bien différente de celles de Fabre d'Olivet. Ce sont les deux remèdes par lesquels le Créateur supplée à l'infirmité nécessaire de ses créatures finies : par l'un il les sollicite, les seconde et les rachète même quand il le faut; par l'autre il châtie un aveuglement qui n'a plus de remède que la souffrance, comme la plaie incurable appelle le scalpel du chirurgien et ce châtiment n'est, en même temps, que la réparation du désordre cosmique occasionné par le mal. C'est ce que va faire mieux voir tout à l'heure la théorie de Saint-Yves sur l'Homme.

Ainsi l'Univers, au lieu d'être le champ de bataille de trois puissances rivales au sein d'un dieu métaphysique indifférent, conserve avec son inaltérable Unité cette vie perpétuelle d'Amour, varié mais toujours plus intense et plus harmonieux, entre le Créateur et ses Créatures, entre l'Esprit et la Matière, entre les deux facteurs complémentaires de l'Ineffable Dyade Absolue.

Éternel Duo où les dissonances passagères appellent

et font valoir les richesses de l'harmonie, la plénitude d'une Communion toujours plus intime ! « On tombera « d'un excès dans l'autre, mais derrière cette alternance « des contraires, il y a une loi d'opposition ; et il faut « passer par là pour arriver encore à la Loi d'Équili- « bre, à l'accord de l'Esprit avec la . . , d'IOD avec « ÈVE. »

C'est par cycles [1], en effet, c'est-à-dire par nombre, par mesure, par ondes vibratoires, par phases rythmées et largement périodiques que s'écoule à travers l'immensité du Temps ce duo d'amour sublime qu'est notre Univers réel, exécuté par tout l'Ensemble des Puissances Cosmiques dont les bases nous apparaissent comme le Mal, dont les dessus sont tenus par les Êtres divins, mais dont il faut chercher avant tout l'Unité pour en goûter les ineffables harmonies.

Voilà le Monde où l'Homme est appelé à vivre. Qu'est-il lui-même ? Quelle est sa fonction dans cette universelle harmonie ? Comment l'a-t-il accomplie ? Voici maintenant ce que nous en dit Saint-Yves :

Son origine d'abord, ou, pour mieux dire, son essence même spécifiée dans son prototype *Adam*, qu'est-elle en réalité ?

Le mot Adam signifie l'Universel, l'Infini. (*Miss. des Juifs*, 128.) « Quand les naturalistes veulent exprimer la « Puissance cosmogonique qui spécifie l'Homme, en tant

---

1. Voir *Mission des Juifs*, p. 13.

« qu'individu physique, ils appellent cette Puissance
« le Règne Hominal. Adam est l'hiérogramme de ce
« Principe universel ; il représente l'Ame intelligente
« de l'Univers lui-même, le Verbe universel animant
« la totalité des Systèmes solaires, non seulement dans
« l'ordre visible, mais aussi et surtout dans l'ordre invi-
« sible. Car lorsque Moïse parle du principe animateur
« de notre système solaire, ce n'est plus Adam qu'il
« mentionne, mais Noah. »

« Ombre de IÈVE, masculin et féminin comme lui,
« pensée vivante et Loi organique des Œlohim, Adam
« est l'essence céleste d'où émanent toutes les Huma-
« nités passées, présentes, futures, non seulement ici-
« bas, mais à travers l'immensité des Cieux. »

« C'est l'Ame Universelle de Vie (*Nephesh Hatah*),
« de cette substance homogène que Moïse appelle *Ada-*
« *mah* et que Platon nomme la Terre Supérieure. »

« Tel est l'Adam des sanctuaires de Thèbes et de
« Bœreshit, le grand Homme céleste de tous les anciens
« temples, depuis la Gaule jusqu'au fond des Indes. »
(*Miss. des Juifs*, 135.)

Son rôle dans l'Univers?
« Le Règne Hominal avec toutes ses subdivisions, dont
« les individus de chair et d'os ne sont que les sous-
« multiples visibles, est un immense Esprit, vivant dans
« un Corps invisible aux yeux, mâle et femelle, et dont
« les institutions de nos Sociétés sont l'ombre organi-
« que. » (*Miss. des Juifs*, 208.)

La perfection divine se réalise sans cesse par le continuel développement de la perfectibilité humaine au moyen des institutions sociales. (*Miss. des Souverains*, p. 19.)

« L'Humanité est le corps de Dieu visible ici-bas :
« travailler pour elle, c'est vivre, se mouvoir, se sentir
« en Lui, depuis les plus glorieux jusqu'aux plus hum-
« bles efforts. » (*Pro patria*, p. 75.)

L'Humanité, « l'Ame collective de l'Homme, sert,
« sans qu'il le sache, de champ de bataille aux
« Puissances de l'ordre invisible. » (*Miss. des Juifs*, p. 185.)

C'est pourquoi « la notion du Mal a son domaine dans
« le libre arbitre de l'Homme, dans sa faculté de s'ins-
« pirer d'en bas (dans l'Instinct physique) ou d'en haut
« (dans l'Intelligence) ; faculté grâce à laquelle le Ciel
« et l'Enfer luttent à travers les volontés humaines. »
(*Jeanne d'Arc*, p. 165, et *Miss des Juifs*, p. 423.)

Voilà la Trinité que Saint-Yves oppose au prétendu quaternaire de Fabre d'Olivet :

Un Dieu ineffable qui, par amour, s'arrachant pour ainsi dire de lui-même à la béatitude infinie d'un repos éternel, mais égoïste, oppose en soi-même le Principe de la Toute-Puissance, Intelligente et Active, au Principe Passif, absolument inerte, de réceptivité et de réflexion formelle, afin que celui-ci, animé, emporté par cet amour infini pour celui-là, que nous nommons la Sagesse divine, en réalise lui-même avec une joie ineffable la Pensée infinie, par cette Forme qu'est l'Univers.

Pour que l'Amour de cette Dyade divine soit éternel, infini comme son Auteur, il a voulu qu'il s'effectuât progressivement, depuis jamais, jusqu'à toujours, à travers l'Infini de l'Espace et du Temps.

Et enfin, pour que cet Amour éternel et infini fût absolument libre, en dépit de l'inertie native du Principe Passif, la Pensée Suprême a voulu qu'il y ait entre les deux pôles extrêmes de la Dyade divine un troisième Principe où les deux courants émissif et réceptif de l'Amour vinssent se réunir mais qui fût libre de s'inspirer de l'un ou de l'autre pour ses réalisations propres, et cet être c'est l'Homme Universel.

Il ne fallait pas, cependant, que la Vie Universelle fût compromise par cette liberté de l'Homme; elle a donc des limites et quand il veut les franchir, il est réprimé par la loi du Destin qui va être expliquée plus loin. Il ne fallait pas non plus que l'Homme lui-même fût en danger d'être perdu par son erreur ou sa malice; il y a été pourvu par le secours de la Providence divine définie précédemment [1].

De même que l'Ineffable Absolu avait opposé ses deux Principes complémentaires pour les livrer à la recherche de l'Amour, de même Adam, l'Homme universel

---

1. Il est clair que cette Trinité de Création ne se confond pas avec la Trinité Chrétienne : Père-Fils et Saint-Esprit qui exprime Dieu lui-même, indépendamment de sa création.

androgyne, fut partagé en ses deux éléments d'abord confondus : « L'Amour qui ravissait Adam

« L'endormit du sommeil qui réveille en Dieu même. » Dans son corps subtil, Dieu prit Celle où dormait l'Ange humain qu'il rêvait... Et lui montra vivant, son Rêve ! » (*Cosmogonie*, 2ᵉ chap., v. 21, 22.)

Ainsi naquit le Principe féminin de l'Homme Universel.

L'humanité issue d'Adam, l'Homme universel, s'est développée et différenciée progressivement : « Chaque
« continent a vu se générer ses règnes organiques cou-
« ronnés par une race spéciale. Ces créations n'ont pas
« été simultanées ; ces continents ont émergé des mers
« à des intervalles de temps considérables et corres-
« pondant aux cycles interdiluviens des anciens prêtres
« indiens. » (*Miss. des Juifs*, 133.)

Les peuples, subdivisions de ces races, ont aussi leur âme. (*Jeanne d'Arc*, p. 42.)

Pour accomplir sa mission propre, l'Homme est pourvu d'une « Ame triple et une, essence psychur-
« gique et physiologique à la fois, à l'image de l'Uni-
« vers lui-même, telle enfin que Platon et Pythagore
« l'ont vue, observée, expérimentée, connu, dans les
« mêmes sanctuaires que Moïse. »

Par cette âme, il lui est permis d'entrer en communication avec les diverses régions des mondes invisibles, et quand il s'en est rendu digne en établissant en soi-même l'harmonie trinitaire, il reçoit les pouvoirs les plus étendus dans ces domaines mystérieux où s'élaborent les faits des mondes terrestres.

« La puissance de l'Ame peut, par la Sagesse, la
« Science et l'Art, aller jusqu'à maîtriser l'Espace de
« notre tourbillon solaire, jusqu'à vivre de toute l'in-
« tensité de sa vie spirituelle à travers tous ses cercles
« planétaires. » (*Miss. des Juifs*, 219.)

Elle peut dominer les éléments et manier les forces les plus redoutables de la Nature comme l'a fait Moïse. (*Miss. des Juifs*, pages 447 et suivantes, v. 461.)

Elle peut, comme chez Jeanne d'Arc, ravir l'être humain par l'extase devant les Puissances célestes de tous les ordres. (*Jeanne d'Arc*, 63, 64, 172, 298-337.)

« Mais dans un pareil ordre de connaissances l'étude
« marche de front avec l'exercice de tous les pouvoirs
« psychurgiques, intellectuels et spirituels de l'Homme. »
(*Miss. des Juifs*, 229.)

Étude aussi nécessaire que l'harmonie psychique, car l'Homme étant déchu de sa pureté primitive peut s'abandonner aux Puissances de dissociation et, par un abus de sa liberté qui constitue le pire des crimes cosmiques avec le plus formidable des dangers qu'il puisse courir, tourner au profit du désordre quelque partie de ses pouvoirs psychurgiques. (*Jeanne d'Arc*, « L'extase infernale », 193 et c...)

Quelle fut cette déchéance de l'Homme? c'est un point qu'on a vu clairement dévoilé par Fabre d'Olivet ; Saint-Yves le laisse presque dans l'obscurité. Le seul passage qui s'y rapporte dans ses œuvres principales est la traduction du deuxième chapitre, verset 16 de la *Cosmogonie*.

Encore, est-ce écrit dans une œuvre posthume qui aurait pu être retouchée ; on remarquera en tous cas que dans ce passage Saint-Yves évite de donner aucun de ces mots hébreux tout gonflés de symbolisme ésotérique dont cette traduction fourmille.

Il était bien plus explicite dans une de ses œuvres de jeunesse : le *Mystère du Progrès*, dédié à Orphée, avait précisément la chute pour sujet, et l'auteur la développait longuement dans sa préface :

« Orphée et Moïse qui, tous deux, vécurent à peu
« près dans le même temps, reçurent l'un et l'autre
« l'Initiation royale dans les Temples de l'Égypte.

« Chacun envisagea la marche générale de l'Huma-
« nité d'un point de vue diamétralement opposé, qui
« peut sembler contradictoire, et pourtant ne l'est pas :
« Moïse regardant l'Humanité du haut de l'Unité divine,
« du sommet des sciences théogoniques, en marqua la
« marche suivant la méthode descendante, propre à cet
« ordre des sciences. Ainsi considérées, les Puissances
« constitutives de l'Universel Adam tombent de l'Or-
« dre divin, et leur marche spirituelle est effectivement
« une chute. »

« Orphée, au contraire, forcé de compter avec le
« schisme féminin et de donner le pas à la Nature sur

« Dieu, cache au fond des Mystères et de l'Initiation
« les secrets de l'orthodoxie, et affecte de voir la Race
« humaine et sa marche suivant la progression ascen-
« dante de ses origines naturelles sur la Terre. Cette
« seconde marche n'est plus une chute, mais une pro-
« gression ascendante vers le Principe mâle, Dieu.

« L'Homme tel que l'a voulu voir Moïse, descend de
« Dieu ; tel que l'a voulu voir Orphée, il monte de la
« Nature. »

« La Rédemption correspond providentiellement au
« premier axiome, la Perfectibilité répond intellectuel-
« lement au second ; toutes deux ont pour Principe et
« pour finalité la perfection de l'Essence divine [1].

« Le Messie est l'incarnation de l'Esprit Rédemp-
« teur du Règne, Prométhée est le symbole de la Per-
« fectibilité de l'Espèce, le génie du Progrès. » (P. 16
à 19.)

Où donc est la faute de Prométhée ?

Uniquement dans une précipitation présomptueuse.

« Jupiter, le Jéhovah, ou plutôt le Wishnou orphi-
« que, maintient l'unité du Monde, et en veut à Pro-
« méthée de la compromettre, en révélant trop tôt à
« l'Espèce humaine des Biens que son inexpérience
« sociale va changer en maux. Ce qui exalte Promé-
« thée dans son rôle précipité c'est son amour malheu-

---

[1]. Comparer *la Mission des Juifs* (p. 314 et 315) où cette même pensée est résumée en une vingtaine de lignes.

« roux pour Minerve, la fille du cerveau divin, la
« Sagesse, la Perfection, la Pensée complète de Jupi-
« ter... » « En définitive, ce que veut Prométhée, c'est
« substituer son action à celle du Maître, et devenir un
« Jupiter lui-même, s'il le pouvait. » (P. 20, 21.)

Saint-Yves ne dit donc pas en quoi consistait la faute d'Adam, dont il donne seulement les conséquences, prouvant cependant qu'il y a eu faute. On peut même se demander s'il a simplement négligé de développer ce mystère, soit qu'il lui parût assez évident, soit qu'il le crût un peu en dehors de son sujet propre, ou si ce grand esprit, si indépendant, emporté par l'ardeur de sa générosité pour le bien, n'a pas songé à excuser même la plus haute révolte que son désir puisse engendrer [1]. N'a-t-il pas écrit dans *la France Vraie* : « Car la révolte même est pardonnée par l'éternelle « Équité quand l'esprit de Justice la suscite » ? (p. 202, 2ᵉ vol.), en ajoutant cette observation remarquable : « Le Tentateur (Satan) ne déclare alors la guerre que pour qu'on le lie de nouveau à la paix [2]. »

Quoi qu'il en soit, si la réponse à cette question : — Quelle est la faute d'Adam ? — n'est pas écrite dans

---

[1]. Il a même écrit dans le passage précité de *la Mission des Juifs* : « Dans cette notion scientifique, il n'y avait pas la moin-
« dre idée du Mal, mais au contraire celle du Bien universel
« allant porter la vie à l'Infini du plus grand cycle jusqu'au
« moindre. »

[2]. C'est le *Felix Culpa* des Pères de l'Église.

l'œuvre de Saint-Yves, elle y est implicitement dictée par la logique.

De même que Prométhée, Adam pèche par présomption en se précipitant pour ainsi dire avec un excès de confiance en soi vers le Non-Être qu'il ne devait arracher que progressivement à ses ténèbres, et selon la volonté de son Créateur qui s'était réservé le commandement dans le combat de l'Activité contre l'Inertie, du Bien contre le Mal.

En tous cas le châtiment, ou pour mieux dire la conséquence fatale qui devait en résulter et que l'Amour divin corrigera par la Rédemption, est nettement indiquée par Saint-Yves pour les deux genres de faute : Pour Prométhée, c'est l'enchaînement au rocher où l'ignoble vautour lui rongera les entrailles ; pour Adam c'est la perte de l'immortalité parce qu'il s'est livré à l'aveugle avidité de la matière. Pour l'un comme pour l'autre c'est le destin du soldat qui, sur le champ de bataille, s'affranchit des ordres de son général ; la défaite, la capture par les forces cosmiques de dissociation.

Saint-Yves précise mieux encore: « L'Homme indi-
« viduel remonte jusqu'au sommet des Cieux, par la
« faculté que lui donnent la Science et la Conscience
« *de former ici-bas son corps de lumière astrale, pour*
« *éviter la seconde mort, conserver son individualité et*
« *retourner jusqu'aux sources intelligibles de l'Être.* »
(*Miss. des Juifs*, 315.)

Il faut bien entendre ces dernières lignes, car, quoiqu'elles s'étendent peut-être quelque peu en dehors du sujet de la sociologie qui ne s'occupe qu'incidemment de l'homme individuel, elles donnent toute la pensée de Saint-Yves, et l'avis d'un tel maître sur un sujet si grand et si mystérieux est précieux à recueillir.

Il le laisse encore enveloppé, il est vrai, mais il suffit d'un peu de réflexion pour déchirer ce léger voile :

L'Homme est constitué, on le sait, et Saint-Yves le rappelle ici, d'un corps physique, d'un corps de lumière astrale, et d'une âme (triune, mais inutile à spécifier mieux pour le moment). Avant la chute, comme la Bible le rappelle, comme Pythagore et Platon l'ont redit, Adam n'avait pas besoin du corps physique; celui de lumière astrale lui suffisait pour l'accomplissement de sa mission, parce que ce corps correspond à la région cosmique où s'élaborent toutes les formes, où s'effectuent toutes les *trans-formations* essentielles des individualités terrestres, où règnent les forces de dissociation chargées d'arracher le Bien au Mal, l'Être au Non-Être, et à tout ce qui se refuse à l'Être.

Par son imprudence, Adam, cédant à l'attrait de ces forces, en a été vaincu et son corps de lumière astrale s'est trouvé enchaîné à la forme physique, est devenu par conséquent sujet comme elle à la transformation. C'est pourquoi Dieu dit au premier homme..... « Tu serais

L'Agent de la Mort même et non plus de la Vie.
(Moïse, v. 17, ch. VI.)

Conséquences : l'Homme déchu subira la transformation, c'est-à-dire son corps sera dissous comme toute forme terrestre ; c'est la mort physique que nous connaissons. Et puisque son corps de lumière astrale est enchaîné à la matière terrestre, lui aussi sera dissous : c'est la *seconde mort*, bien moins connue, dont il est question ici ; elle survient plus ou moins longtemps après la première et nous ne la voyons que dans des conditions tout à fait exceptionnelles, parce qu'elle se passe dans la région propre à sa matière spéciale.

Le résultat de cette double mort est que l'âme retourne à sa région cosmique qui lui appartient, sans conserver la mémoire de sa vie terrestre, sans conscience de l'individualité [1] qu'elle y avait constituée par son adjonction à la matière ; l'union de l'Esprit à cette matière n'a pas été complète, la mission de l'Homme est manquée ; les deux éléments qu'il devait associer pour l'Amour éternel des noces divines, se séparent et retournent chacun à leur séjour.

Mais avec le secours et par l'effet de la Rédemption providentielle (de la grâce, dira notre religion), cette double mort, cette faillite de l'Homme peut être réhabilitée s'il y fait l'effort nécessaire : « Par la Science et la Conscience, comme le dit Saint-Yves, il reconsti-

---

1. Pour être mieux compris, d'après la terminologie adoptée depuis avec raison, il faut lire ici *personnalité*, au lieu du mot individualité qu'a employé Saint-Yves.

tuera un corps de lumière astrale » capable de s'arracher à la dissociation, et quand même son corps physique aura été dissous, son individualité sera sauvée par là même et dans le même état où était formé l'Homme Universel ; l'aiguillon de la mort sera vaincu. » C'est ainsi que les Saints de toute religion peuvent, après leur mort, secourir encore l'Humanité et former ce corps de l'Église triomphante que rappelle le Poème de *Jeanne d'Arc*.

Ce qui arrive aujourd'hui, par cette loi fatale, à chacune de nos individualités terrestres, sous-multiples d'Adam, arrive de même aux nations, aux peuples, aux races, à l'Humanité à qui nous allons revenir après cette digression nécessaire.

Il va être plus aisé maintenant de saisir l'importance extrême des principes qui régissent une société et les effets du Mal qu'ils y peuvent engendrer. Prenons pour exemple la doctrine qui a causé le schisme d'Irshou, soit la suprématie du Principe passif sur l'Actif ; c'était exactement la chute d'Adam ; la captation du Spirituel par la Matière, que renouvelle dans tous les temps le Naturalisme. Elle livre l'homme aux instincts, à la fatalité de la Force, au despotisme, à ses réactions contraires et finalement à la Puissance de dissociation ; c'est la Mort des sociétés, des empires et des peuples même.

Il est à ce mal toute une hiérarchie de remèdes naturels. Le premier est dans une loi cosmique inéluctable qui, par sa fatalité, ramène l'Homme à sa fonction normale :

« Tout principe livré à lui seul finit par s'annihiler
« en s'opposant à lui-même (*France Vraie*, I, 194). Quel
« qu'il soit, il n'arrive à la plénitude de sa série de con-
« séquences que pour générer son contraire, qui le
« reproduit à son tour. C'est ce que Moïse appelle la
« septième sphère. (*Id.*, p. 217.) Le mal a pour loi de
« s'opposer à lui-même jusqu'à l'anéantissement. (*Miss.*
« *des Juifs*, 792.) Aussitôt châtié par lui-même, le dé-
« sordre rentre dans le rythme des séries modificatrices
« par le temps. Incessamment repris par le présent dans
« l'action d'une intelligence et d'un système éternels,
« l'accident, le cataclysme, ce que l'on prend pour le
« hasard, se rectifie en se dévorant et en s'atténuant
« successivement... Toute évolution organique est
« soumise à des lois de série, et celles-ci tendent tou-
« jours à un renouvellement de la loi d'harmonie. »
(V. *France Vraie*, p. 223 et 224 et *passim*, les nombreux exemples historiques à l'appui [1].)

La Puissance Céleste conservatrice de l'Harmonie universelle intervient souvent dans le fonctionnement de cette loi fatale, soit pour la prévenir s'il est possible, soit pour l'accélérer quand il le faut, et voici comment :

---

1. C'est dans ce sens qu'il est dit ailleurs que la loi du Talion est la *loi du temps*; le Destin est nommé le *Coursier zodiacal*, ou encore l'Ange du Châtiment (*Jeanne d'Arc*, 35-36-43).

« Si la poussière humaine sur cette Terre y semble
« faire sa propre volonté, si, pareille au monstre du
« poëme de Job, elle peut, sans le savoir, se vautrer
« dans les rayons de la Lumière et sur tous les dons du
« Ciel, il est dans le Cosmos d'autres Humanités aux-
« quelles la Solidarité universelle fait un devoir d'in-
« tervenir, quand il est temps.

« Ram, Christna, Fo-Hi, Zoroastre, Orphée, Moïse,
« sont d'incontestables interventions de cette Huma-
« nité divine : La Providence. »

« Mais de telles Ames sont des puissances fatales ou
« providentielles : fatales quand leur propre volonté ne
« les soumet pas à leur principe céleste, qu'elles igno-
« rent ; providentielles quand il leur est donné de
« s'orienter d'une manière précise dans la Science et
« dans la Sagesse absolues, et de n'agir dès lors que
« d'après un Principe certain, avec des moyens appro-
« priés et en vue d'une Fin immanquable. »

Notons, en passant, cette rectification magistrale des théories de Fabre d'Olivet.

Cependant la liberté humaine est si grande et si respectable qu'elle peut porter le mal au point que ces deux remèdes de châtiment ou d'amour soient impuissants à la sauver d'une perte définitive. C'est alors qu'intervient le troisième remède, l'acte d'amour suprême de la Divinité, le Sacrifice de la Rédemption.

Écoutez ces premières lignes qu'il faut malheureusement écouter, du plus beau passage de la belle *Mission des Juifs*, expliquant la Rédemption par le Christ Jésus. Ici tous les mots sont à peser :

« Une fois que l'Homme a imprégné de sa volonté certains éléments de l'Ordre invisible, quand il a conçu, voulu, créé non seulement un Pouvoir visible, mais, sans le savoir, un Être potentiel, occulte, évoqué, se manifestant par des Institutions, ce dernier ne meurt pas sans avoir vécu, et s'il est instinctif et passionnel, il vit en détruisant. »

« ...Or s'il est relativement facile de créer ou de susciter des Puissances instinctives, des Dominations destructrices, il est presque impossible de les effacer de la biologie de la Terre et de sa substance primitive, à moins d'un déluge. »

... « Une fois l'Espace terrestre occupé, le Temps terrestre une fois saisi, rien ne peut plus être rattrapé, rétrogressé ni détruit, et si l'Homme a souillé la Lumière intérieure, les Vivants et les Morts en sont infectés, et les derniers rejettent sur les premiers cette souillure. »

« Dans le domaine du Mal, dans la sphère d'action de l'Instinct que ne gouvernent ni la Conscience, ni l'Intelligence, le pouvoir créateur de l'Homme sur cette Terre ne dépasse pas certaines régions de son Atmosphère ; mais il peut en modifier singulièrement la Constitution et la Substance hyperphysiques.

« Du même coup, la Voie ascendante et descendante

« des Ames, la Mort et la Génération en sont terrible-
« ment affectées. »

« Quel effort ne faudra-t-il pas pour quitter l'Huma-
« nité céleste, pour venir du haut des Cieux, par la voie
« éthérée des âmes, sur cette Terre souillée, pour s'y
« retrouver dans la Pureté céleste, dans la Sagesse,
« dans la Science de l'Ésotérisme antique, dans l'Iden-
« tité de l'Ordre divin, malgré tout le désordre poli-
« tique ?

« Quel effort plus gigantesque encore ne faudra-t-il
« pas à cette Ame unie à l'Esprit pur des Cieux pour
« y remonter après avoir purifié la vie visible et invi-
« sible, en créant à nouveau dans l'Enfer de cette dis-
« sociation naturaliste, le Dieu social, le Christ, la
« Puissance céleste, occulte, d'une Collectivité nou-
« velle, marchant à la réintégration de la Loi du Règne
« de Dieu dans tout l'État social terrestre. » (*Miss. des
Juifs*, 794 à 797.) Réaliser cette pensée « folle pour la
raison d'ici-bas, à force de Sagesse absolue », ce sera
l'œuvre du Rédempteur !

Il ne suffisait pas encore que l'homme pût être racheté
des effets de la chute primitive ou de ceux de ses fautes nouvelles, qui en sont la suite, il était plus utile
que ces fautes fussent prévenues autant que possible
sans atteinte à son libre arbitre. C'est à quoi il a été
pourvu par une organisation sociale appropriée (la Synarchie) et par les Religions.

« L'Esprit général des êtres humains a toujours

« communiqué avec l'Humanité visible par des formes
« spirituelles qui sont les Institutions sociales. La pre-
« mière de ces formes est la Religion, la synthèse par
« excellence. » (*Miss. des Juifs*, 358.)

Nous touchons ici à un point essentiel de la doctrine de Saint-Yves. On a vu plus haut Fabre d'Olivet attribuer l'origine de la religion d'abord aux visions plus ou moins correctes de sybilles, puis à un songe de Ram qui lui procure indirectement l'autorité d'un pontife, et, surtout, dans son dogme principal à un dogme indien. Mais d'où venait-elle à l'Inde? il ne le dit pas, ce qui recule inutilement la question; pour le surplus, la religion en Europe est ainsi purement évolutive. C'est une affirmation adoptée par l'école positiviste, très en vogue aujourd'hui[1], qui fait des enseignements les plus essentiels de la religion une pure abstraction de l'esprit humain à un certain âge de son évolution.

Saint-Yves parle tout autrement: « Non, s'écrie-t-il, la Religion n'est pas plus née de l'ignorance que le culte n'est issu de la peur. » (*Miss. des Juifs*, 69.) Il vient de nous le dire tout à l'heure, la Religion est la synthèse par excellence. Comment se justifie cet aphorisme?

La série des sciences analytiques, si loin qu'elle soit poussée, est radicalement incapable de nous faire con-

---

1. Voir la *Sociologie* de Spencer, et *Orpheus* par Salomon Reinach.

naître les Causes premières des phénomènes qu'elles analysent ; c'est ce qu'affirment les positivistes, mais tandis qu'ils se déclarent incapables de cette connaissance et même de cette recherche, Saint-Yves assure que la Cosmogonie, qui la renferme, a une méthode particulière, celle de la Psychurgie, ou communication de l'Homme avec la Puissance qui dispose des causes premières, et c'est là qu'est la partie de la Science d'où naît la Religion.

« Jamais la cosmographie mécanique ne suffira à
« réassocier l'Esprit humain à sa source vivante qui
« est la Vie, l'Intelligence, l'Esprit universels. » (*Miss. des Juifs*, 55.)

« Et ailleurs : « Si la Religion n'était pas née du
« libre assentiment de ces deux forces colossales, la
« Pensée et la Conscience humaines, aux forces morales
« et intellectuelles de l'Univers ; si l'Homme, enfin,
« n'était pas de la Race des Dieux et de Dieu, jamais
« une prière ne fût montée dans l'Invisible, en ébran-
« lant, en émouvant, à travers la hiérarchie de tous les
« Êtres supérieurs, cette grande Ame de l'Univers qui
« anime tout, et qu'illumine du haut des Cieux une
« ineffable Intelligence. » (*Miss. des Juifs*, 70.)

Il y a donc eu enseignement direct de cette ineffable Intelligence à celle de l'Homme, révélation des Principes premiers dont la connaissance lui était nécessaire, et révélation non par la peur (l'Homme est né brave), ni par le hasard d'une Constitution spéciale, mais révélation voulue d'une part, librement assentie de l'autre, révélation discutée par conséquent par l'esprit humain ; révélation qui est la source d'une Science : la Science et la Religion se confondent :

« Je ne craindrai pas de dire que la Divinité n'agit
« dans l'Humanité que par l'Humanité, et que celle-ci,
« reflet de la Première, a pour moyen suprême de ré-
« ceptivité du Divin, l'Intelligence, la Faculté supé-
« rieure de l'Ame humaine. Or la communication de la
« Divinité à l'Humanité par l'Intelligence s'appelle la
« Science et non autrement. »

« Mais ne possède pas qui veut la Science ramenée à
« ses Principes Universels et divins. Il y faut un tel
« exercice de toutes les Facultés de l'Ame, un tel en-
« traînement de l'organisme physiologique qui en est
« le support, qu'il est presque impossible de faire com-
« prendre à des modernes ce que les Anciens enten-
« daient par la possession de la Sagesse et de la Science,
« par la réintégration, dès ici-bas, de l'Homme dans
« le Règne de Dieu, comme le dira Pindare avec tous
« les initiés antiques. Toute sorte de bois n'est pas
« propre à faire un Mercure, toute sorte d'homme à
« faire un adepte de la Science intégrale. » (*Miss. des Juifs*, p. 423.)

Il y a donc eu, dans l'Antiquité, de ces hommes capables de recevoir la Sagesse divine par cet exercice des facultés humaines transcendantes qui constitue la Psychurgie, et c'est par eux qu'a commencé cette synthèse de Haute Science qu'est la Religion.

A quelle époque remontent ces débuts de la Révélation, Saint-Yves ne le dit pas, et c'est, en effet, une question secondaire par rapport à son sujet, il se contente de constater par l'Histoire que, 8.500 ans avant notre siècle, « l'Unité du genre humain dans l'Univers,
« l'Unité de l'Univers en Dieu, l'Unité de Dieu en lui-
« même, étaient enseignées non comme une superstition primaire, obscure et obscurantiste, mais comme
« le couronnement lumineux, éblouissant, d'une quadruple hiérarchie des sciences animant un culte biologique dont le Sabéisme était la forme. »

« Les noms du Dieu suprême de ce cycle, Iswara,
« Époux de la Sagesse vivante, de la Nature naturante,
« Pracriti, est le même que Moïse tirera, près de cinquante siècles ensuite, de la Tradition Kaldéenne des
« Abramides et des sanctuaires de Thèbes... » (*Miss. des Juifs*, 97.)

Mais, dira-t-on, quels sont ces hommes privilégiés et pourquoi n'en voyons-nous plus de semblables parmi nous? Saint-Yves répond qu'il ne s'agit point là d'un privilège spécial à quelques humains exceptionnels, mais bien du développement difficile il est vrai, mais toujours possible, des facultés humaines, et qu'en aucun temps ces facultés n'ont cessé d'être cultivées et exercées. Quant à la Tradition primitive conservée précieusement à travers tous les siècles, par ces mêmes hommes qui réussissaient à atteindre les qualités humaines les plus élevées, elle n'a cessé d'être entretenue, travaillée, perfectionnée par eux, par les mêmes procédés transcendants ;

En même temps ils n'ont cessé d'instruire tous ceux qui s'en sont montrés capables, par des méthodes qui constituent l'*Initiation*..

Cette fonction d'élaboration de la Sagesse religieuse, de conservation de la Tradition qui en résulte, et d'initiation des plus aptes, revenait à cet ensemble d'hommes perfectionnés qui, en tous temps, a constitué les sacerdoces et leur hiérarchie couronnés par un Pontife Souverain.

Dans certains temps, par suite de la corruption générale, ils ont dû se renfermer dans des sanctuaires secrets et notre ère est de ces temps, mais même dans ces conditions malheureuses, ils n'ont pas cessé d'instruire les peuples autant qu'ils l'ont pu, notamment au moyen de ces *mystères* si célèbres dans l'antiquité classique ;

Les femmes, aussi, étaient admises non seulement à l'initiation, mais au Sacerdoce même (V. *Miss. des Juifs*, p. 491 et suiv., p. 825); les femmes sont particulièrement précieuses en ces offices, à cause de la disposition plutôt distinctive de leur sexe à percevoir les vibrations de l'Invisible, de sorte que leur concours a pu être précieux sous certaines conditions dans les temps d'obscurantisme où le sacerdoce était méconnu, par exemple quand elles remplissaient le rôle des prophétesses comme en Israël, ou de pythonisses et de sybilles comme en Grèce. Notre Jeanne d'Arc, notamment, est un exemple frappant de ces facultés supérieures ; c'est grâce à elles que la Femme doit être appelée à jouer un rôle capital dans le salut de la Société humaine. (*Jeanne d'Arc*, p. 84, 87, et en fin de la Préface.)

Ces sanctuaires fermés où la Tradition unique, source et synthèse, ou plutôt Unité de toutes les religions, est conservée à l'abri de tous les périls, se trouvent particulièrement en Asie, dans le Thibet et en Chine. (V. *Miss. des Juifs*, 102, et *Jeanne d'Arc*, p. 302.)

Du reste, pour nous Européens, nous possédons cette même Tradition séculaire dans trois documents principaux, compris dans leur sens ésotérique :

« Nous ne faisons aucune difficulté, dit Saint-Yves,
« de déclarer nos sources en ce qui regarde l'Église
« Universelle. Elle se définit ainsi dans sa Synarchie à
« travers les temps : *Église Évangélique, Église Mo-*
« *saïque, Église patriarcale*. Ces Églises ne sont pas
« mortes, toutes sont vivaces encore, la nôtre avec
« l'*Évangile* ; la Mosaïque avec la *Thorah*, la Patriar-
« cale noachide avec les *Védas*. » (*Jeanne d'Arc*, page 16.)

En dehors des sacerdoces et des sanctuaires qui forment comme la tête de la Religion, la masse de l'Humanité qui n'est pas encore parvenue à ces hauteurs reçoit cependant le dogme traditionnel et même la communication avec le Monde divin par les deux institutions sociales de l'Église et du Culte.

« L'Église est la Société des fidèles sous la con-
« duite des pasteurs de Jésus-Christ, ce qui ne veut
« pas dire sous la direction des continuateurs de Jules
« César et de Nemrod. » (*France Vraie*, p. 173.)

Cette définition applicable à toute Église exprime que les fidèles, c'est-à-dire tous les hommes qui aspirent à la connaissance des choses divines, forment une masse sociale particulière que le sacerdoce a pour mission non de gouverner dans le sens temporel du mot, mais de diriger dans leurs consciences, d'instruire autant qu'ils en sont susceptibles, du dogme traditionnel, et de mettre en communication avec le Monde divin.

C'est par les cérémonies du Culte que le Sacerdoce remplit ce dernier office :

Sans doute, « Dieu n'est pas dans les nuées, il est
« Sagesse et Science en nous » (*France Vraie*, p. 258); mais, même en nous, il n'est pas accessible indifféremment à tout homme ; il faut « être en possession de
« toutes ses facultés, orientées à l'image de l'Univers
« lui-même, pour que l'Intelligence et l'Ame humaines
« voient de haut en bas, *et en dedans*, ce que le ratio-
« nalisme sensoriel ne peut entrevoir que de bas en
« haut et en dehors. » (*Miss. des Juifs*, 360.)

Ce premier Principe, à cause de son inaccessibilité

même, ne peut donner lieu à aucun culte extérieur. « Pour que l'Unité de Dieu ne fasse pas tomber les so-
« ciétés humaines dans l'athéisme gouvernemental et
« individuel, il faut que celles-ci soient assez scienti-
« fiquement éclairées pour ne pas sortir de la Syn-
« thèse des sciences basées sur ce Principe ou mainte-
« nues dans une ignorance suffisante pour ne jamais
« discuter, en dehors des corps savants, cette Synthèse
« aboutissant à cette Unité. Ces deux extrêmes sont
« aussi impossibles l'un que l'autre. »

Il faut donc faire ce Dieu concret pour la masse du peuple. Dans le dogme on y réussit en présentant une hypostase moins élevée de la Divinité ; c'est ainsi que Moïse « pose au sommet de sa cosmogonie l'antique
« union biologique et créatrice, l-ÈVE, au lieu de
« l'inaccessible Unité. » (*Miss. des Juifs*, 276.)

D'autre part les cérémonies du culte manifestent la Puissance de la Divinité aux sens mêmes de la multitude. Il y en a toute une hiérarchie.

La plus sublime de toutes, mais aussi la plus rare et extraordinaire est la Théurgie, que nous désignons maintenant comme accomplissement de miracles. Saint-Yves la définit comme un acte où « la volonté du
« sacerdote, son ontologie, fait Un avec le Règne Cé-
« leste et avec sa Loi » ; il s'exprime ainsi au sujet de Moïse dont la Bible énonce si souvent les prodiges. (v. *Miss. des Juifs*, p. 450 et suivantes.) La Théurgie se manifeste, en effet, par le maniement des éléments

de la nature et des forces biologiques par la volonté du théurge à qui elles semblent pour ainsi dire confiées.

Une pareille puissance, véritable alliance avec le Seigneur, est toute personnelle, ne peut ni se transmettre, ni s'enseigner ; elle correspond à un développement spirituel que rien ne peut suppléer. Mais il est à un niveau bien moins élevé un ensemble de sciences sacrées qui, bien qu'exigeant un degré d'évolution psychique supérieure, peuvent cependant s'acquérir par une instruction spéciale.

Ce sont là ces sciences occultes ou pour mieux dire ces Arts qui correspondent comme des degrés transcendants aux quatre ordres de connaissance constitutifs de la Science totale. « Voici quelques-unes de ces
« Sciences doublées d'arts correspondants qui s'enseignaient
« dans les mystères : la Théurgie (à ses degrés
« inférieurs, sans doute), l'Astrologie, la Magie, l'Alchimie.
« » (*Miss. des Juifs*, 469.)

Moïse en avait confié oralement les clefs à ses disciples sacerdotaux ; elles étaient enseignées et pratiquées dans tous les temples de l'Antiquité, comme en témoignent quantité d'auteurs. (*Miss. des Juifs*, 471.)

« L'enseignement lumineux n'en était donné qu'à
« bon escient, et se recevait à genoux avec un cœur
« pur et un amour de l'Humanité et de la Divinité
« allant jusqu'au sacrifice absolu de sa propre vie.

« (*Miss. des Juifs*, 470.) Et les anciennes Universités
« interdisaient la pratique de tous les arts ésotériques
« en dehors de l'Initiation. » L'Église catholique les
tient aussi, on le sait, dans une extrême réserve, quand
elle ne les interdit pas absolument.

Car il est extrêmement important de s'entendre ici
sur ce sujet, en ce moment où les *Sciences occultes*
sont en si particulière faveur. Saint-Yves s'en exprime
très nettement et avec force en plusieurs passages.
« Je parle, encore une fois, de ce que ces sciences
« étaient dans les antiques Initiations et non de ce qu'el-
« les sont devenues, depuis le moyen âge, sauf quel-
« ques hommes éminents et extrêmement rares, entre
« les mains des fous, des charlatans, des escrocs et
« des niais fanatiques de toute nature, qui s'en sont
« occupés. » « ... Dans les cycles de Ram, puis dans
« toutes ses divisions religieuses, la pratique et même
« la recherche de ces Sciences étaient formellement
« interdites en dehors de l'Assemblée et du Contrôle
« des Corps savants.

« La Science, à un certain degré, a de plus en plus
« besoin de guides intellectuels et moraux, et elle de-
« vient de plus en plus inaccessible au vice et à l'er-
« reur sous toutes leurs formes. Ce sont ces âmes de
« ténèbres, principalement chez les Touraniens, qui
« ont produit ce renversement infernal et ignoran-
« tin de la Magie des Sanctuaires, et qui a mérité,
« sous le nom de Magie noire, l'exécration du genre

« humain et les anathèmes des Religions. » (*Miss. des Juifs*, 470.)

Nous allons retrouver tout à l'heure un autre passage tout aussi important pour l'occultisme.

Après ces Sciences sacrées, il faut comprendre encore dans le Culte public les révélations des Prophètes et des Voyants. « Cette classe d'hommes et de femmes
« jouait dans tous les temples antiques un rôle consi-
« dérable », surtout « après que la Synarchie, assassi-
« née, ne pouvait plus se défendre par l'organe des
« deux premiers Conseils d'une manière scientifique
« et régulière. »

« On sait par Pausanias que les anciens Hébreux
« avaient, sous le nom de Shyba, une école prophéti-
« que que les uns font venir des collèges sibyllins de
« Babylone, avec les Abramides, les autres de ceux
« d'Égypte avec Moïse. »

« C'est par ces Arts que, dans toute l'antiquité, la
« porte des Générations, la rentrée en scène des âmes,
« était lumineuse comme la porte du tombeau et le
« retour de ces mêmes âmes à la Vie Cosmique. C'est
« ainsi également que, dans l'Organisation Moïsiaque,
« l'initiation féminine, ionienne, et le Nazaréat, c'est-à-
« dire la consécration de l'enfant au service du Sei-
« gneur, ont entre eux une si étroite connexion », la mère étant avertie par voyance, à la naissance, du rôle confié à son enfant (voir *Rois*, livre I, ch. IX et ch. 1er, v. 20), et « les Facultés psychurgiques étaient

« entraînées, dès l'enfance des Nazaréens, avec un art
« religieux, parallèlement à la culture de leurs autres
« Facultés intellectuelles et morales. »

Ainsi agissaient les anciens Temples, depuis le Thibet « jusqu'à l'Égypte, depuis l'Égypte jusqu'à l'Étru-
« rie ; d'où sortira le Nazaréen Numa. »

« Le Voyant ou la Voyante purement passifs étaient
« toujours sous le contrôle immédiat du Sacer-
« doce. »

« Ceux qui, au contraire, étaient scientifiquement et
« personnellement maîtres de leurs Facultés psychur-
« giques, et qui pouvaient en faire le contrôle par tous
« les autres Arts, fort nombreux du même Ordre, cons-
« tituaient à proprement parler les Prophètes et les
« Prophétesses. »

Le Prophétisme était interdit comme tous les Arts
ésotériques, par toutes les Universités anciennes, en
dehors de l'Initiation, mais il « y était scientifique-
« ment compris et enseigné, car si le don en vient de
« Dieu ou de la Nature hyperphysique, raison de plus
« pour le cultiver avec la Science et avec l'Art dont il
« relève. »

« Sans cela, au lieu d'avoir de véritables Prophètes
« et de véritables Prophétesses, l'Antiquité n'aurait eu
« comme les temps modernes que de malheureux empi-
« riques tournant au charlatanisme forcé, exploitant la
« superstition ou l'ignorance publique, et méritant le
« peu de crédit qui s'attache à leur pratique.

« Un fait extrêmement remarquable à noter, c'est
« que les temples de l'Asie qui, à l'heure actuelle, gar-
« dent encore la Tradition de l'ancienne Science, sont
« on ne peut plus sévères pour ces sortes de gens, et
« qu'ils n'admettent jamais, dans leurs initiations, soit
« les somnambules, soit ce que les spirites d'Europe et
« d'Amérique appellent un médium. »

« *La Faculté de divination* a, *en effet, cela de très*
« *dangereux que, lorsqu'elle n'est pas une Porte de*
« *Lumière ouverte en haut sur le Monde divin, elle*
« *est une Bouche de Ténèbres béante en bas sur le*
« *Monde infernal, ou, si l'on veut, sur le lieu propre*
« *des Ames inférieures.* » (*Miss. des Juifs*, 432 à 496
et 499 à 500.)

Outre la Théurgie et la Psychurgie, le culte religieux met encore les hommes en rapport avec la Divinité au moyen du sacrifice qui consiste à offrir aux effluves célestes une matière nutritive préalablement consacrée, pour que, consommée ensuite, elle répande dans notre organisme inférieur le secours des forces divines.

Le Saint-Sacrifice de la Messe que le Christianisme a substitué aux sacrifices sanglants des païens remonte à la plus haute antiquité : « Le haut sacerdoce n'offrait à
« la Divinité que des victimes symboliques, des gâteaux
« portant l'empreinte du Bélier ou de l'Agneau. Le
« saint-sacrifice de la messe s'appelait Avahna-Poudja,
« ou Fête de la Présence réelle, et se décomposait comme
« suit : *Hassanah* (d'où *Hosannah*), invocation, —

« *Souagatta*, élévation, — *Arkia*, consécration, — *Ma-
« don-Parka*, communion dans le calice d'or, — *Atcha-
« mavia*, ablution des mains dans l'aiguière d'argent, —
« *Doupa*, encensement de l'autel et du tabernacle, —
« *Niveddia*, communion des fidèles, — *Asservadam*,
« bénédiction des fidèles, aspersion avec l'eau lustrale.

« Ce sont ces mêmes rites qu'observaient la prêtresse
« d'Éleusis, les prêtres de Delphes, ceux de l'Étrurie,
« et qu'Ammonius Sacchas donnera aux prêtres chré-
« tiens ! »

Enfin le Culte comprend encore la consécration des personnes et des principaux actes de la vie, destinée à les maintenir en communication avec le monde divin par l'intermédiaire de ceux que l'initiation et les vertus qu'elle exige ont rendus capables de correspondre avec ce monde par les opérations supérieures de la Théurgie.

« Les iconoclastes sociaux diront : A quoi bon toute
« solennité qui relève les fonctions de la vie privée ou
« publique à la hauteur de leurs principes intellectuels
« par le concours des splendeurs de l'art ? Celles-ci
« étant les manifestations plus ou moins exactes de la
« science, sont des rayons plus ou moins éclatants de
« la gloire de Dieu dans l'Humanité. Il est vrai, juste
« et bon, que l'Humanité invoque avec cette solennité
« le Dieu qui est son principe interne, et qu'elle revête
« ses vêtements et ses pompes sacerdotaux pour rece-
« voir l'âme à la naissance terrestre de l'homme et pour

« la reconduire aux portes de la mort, jusque dans la
« renaissance cosmique.

« Il est vrai, juste et bon, qu'elle consacre avec la
« même majesté toutes les grandes fonctions de la vie
« privée et à plus forte raison de la vie sociale. Les
« cieux et la terre se réjouissent quand il en est ainsi,
« et leurs harmonies accordent divinement les intelli-
« gences, les âmes et les actions des hommes.

« Enfin on peut sacrer non seulement les rois, mais
« aussi les nations. » (*France Vraie*, II, 44.)

L'étendue, la nature, le rôle social de la Religion ainsi entendue font assez comprendre qu'elle est l'organe le plus essentiel de la société ; c'est d'elle que tout dépend : l'esprit de la nation, la conduite des citoyens, la puissance et la valeur des souverains ; c'est par elle que l'Humanité, se trouvant rattachée effectivement et physiquement à toute la hiérarchie des mondes et des êtres divins, est mise à même de remplir sa mission propre en rassemblant en soi les deux principes suprêmes dont l'Union harmonieuse est la seule fin du monde réel. Il est donc indispensable que la Religion donne à ses ministres l'Autorité suprême sur les consciences, sur les âmes de tous les sujets. Mais il ne l'est pas moins que ceux-ci restent libres et responsables de leurs pensées et de leurs actes ; c'est donc à l'Autorité seule que le Sacerdoce a droit, non au Pouvoir ; il représente la Providence ; il en joue le rôle dans la société, tandis que la masse des citoyens est sous le gouvernement du Destin qui réprime les écarts de leur liberté, et que les Gouvernants s'efforcent de les en défendre par la tutelle de la Loi acceptée.

C'est ainsi que se justifient les dispositions de la Synarchie.

CONCLUSION

Ce n'est pas seulement en hommage à une longue et précieuse amitié; ce n'est pas seulement dans un sentiment de profonde admiration, c'est dans un esprit de piété véritable qu'a été tenté ce simple et insuffisant résumé d'une si grande œuvre.

Si grande, en effet, que bien peu l'ont osée et que, de ceux qui l'ont entreprise aucun n'a su la comprendre ou la traiter, comme l'a fait Saint-Yves, dans toute l'ampleur, dans toute l'immensité majestueuse de son étendue.

Je ne parle pas de Fabre d'Olivet, on a pu voir assez l'insuffisance de son ébauche sociale tout archaïque et païenne; toute contraire à nos aspirations les plus vives. Plus près de nous, qu'ont fait les sociologues les plus justement célèbres ?

On se rappelle l'éclatant échec du Fouriérisme fondé sur les passions et dévoré par elles; Saint-Simon n'a pas été beaucoup plus heureux en s'appuyant sur la Science industrielle.

Proudhon, avec plus de logique, n'a conservé de cette base que le principe qu'elle masquait assez mal, celui de l'intérêt personnel ; mais que pouvait engendrer l'égoïsme, ainsi divisé, autre chose que l'anarchie dont il se réclamait, la guerre implacable des classes déjà commencée, ou la lutte plus féroce encore pour les jouissances purement matérielles ?

Comte, Spencer, disciples de Saint-Simon, bien supérieurs à leurs maîtres, ont seuls embrassé la synthèse sociale dans toute son étendue ; aussi sont-ils encore, depuis un demi-siècle, les maîtres véritables de notre époque ; mais on ne voit que trop déjà à quelle faillite aboutit leur régime qui livre à toutes ses pires faiblesses l'orgueil de l'Homme divinisé par lui-même. Également impuissants à maîtriser ou à satisfaire les passions où leurs émules ont péri et dont ils deviennent les esclaves à leur tour, ils commencent à percevoir eux-mêmes, mais trop tard, vers quels abîmes sanglants ils ont dirigé l'Humanité qui leur échappe.

Effet inévitable de tout sectarisme exclusif !

Animé au contraire du plus large esprit de tolérance, d'indépendance même ; érudit et fidèle à l'antiquité comme Fabre d'Olivet ; savant comme Saint-Simon, Comte et Spencer, et plus enflammé qu'eux peut-être d'amour et d'admiration pour l'Humanité ; économiste autant que Proudhon ; vibrant et vivant comme Fourier, Saint-Yves arrive seul à rassembler dans une harmonie superbe tous les éléments sociaux que ses rivaux n'ont réussi qu'à mettre en lutte: Science, Économie, Gouvernement, Politique, Morale, Religion, sa doctrine embrasse tout, comprend tout, rénove tout, non seulement sans rien troubler mais dans l'esprit le plus libéral, le plus progressif, le plus humanitaire ; par une synthèse assez complète, assez vraie pour tout satisfaire parce que chaque élément concourt à l'harmonieuse unité de l'ensemble.

La raison en est simple autant que profonde : c'est que Saint-Yves s'appuie sur la Tradition centrale, unique, révélée à l'homme dès son origine, pour lui tracer sa voie à travers les siècles ; conservée depuis avec une piété jalouse à l'abri de tous les écarts de la raison ou de la liberté humaine, et dont il avait mérité dès sa jeunesse, de recevoir le dépôt sacré, sans doute parce qu'il avait mission, de par sa naissance même, de nous en rappeler la profondeur et l'harmonieuse fécondité.

Il y a plus encore, cette doctrine si synthétique, si large, si universelle, est cependant en même temps, tout à fait occidentale et même tout à fait Française. Elle est occidentale parce qu'elle est empruntée à la forme occidentale de la Tradition unique, et par là elle projette une clarté admirable sur la religion d'amour qui en est issue ; aussi lui est-il plus aisé qu'à toute autre et de faire ressortir son identité avec celles de l'Orient, et de satisfaire cependant aux aspirations d'activité libre qui nous caractérisent, et d'embrasser l'Humanité tout entière dans une Fraternité qui n'a rien de factice ou d'illusoire : Saint-Yves a magistralement développé toute cette puissance.

Elle est bien Française cependant, son œuvre, parce qu'il n'y a pas de nation qui soit plus prête que la France à se consacrer avec une ardeur chevaleresque à la réalisation d'une unité fraternelle que son intelligence claire et synthétique est plus capable d'embrasser qu'aucune autre, de cette fraternité au nom de laquelle elle a répandu si largement son sang depuis un siècle.

D'où vient donc qu'une pareille œuvre, si large, si féconde, si appropriée à nos aspirations, si conforme à notre esprit national n'ait pas eu chez nous au moins plus de retentissement, ou n'ait pas obtenu de succès plus durable et plus efficace ?

On aurait pu croire, tout au moins, qu'elle dût trouver un appui sérieux dans ces écoles d'occultisme si particulièrement développées de notre temps, ou chez toutes celles qui se consacrent à l'étude des sciences dites occultes ou des phénomènes qui leur correspondent. Ne se flattent-elles pas toutes de nous donner une révélation nouvelle qui va régénérer l'Humanité ? Et cependant qui d'entre elles, si ancienne qu'elle puisse se dire, a réussi je ne dis pas à nous donner, mais à nous indiquer seulement la moindre institution, la moindre réforme pratique, pour se montrer capable de faire passer ses prétentions de la puissance à l'acte ? Comment ne se sont-elles pas empressées d'étudier, de seconder, d'adopter les projets si précis, si détaillés, si documentés de la Synarchie ?

Il faut bien le dire, la première des raisons de cette abstention, parfois même de cette aversion singulière, est dans le sectarisme où nos écoles se sont enfermées jusqu'à un tel antagonisme que toute tentative d'union ou de fédération entre elles est restée impuissante jusqu'à ce jour. Preuve qui devrait suffire à leur montrer cependant qu'elles n'ont encore atteint ni Tradition centrale, ni doctrine vraiment synthétique. C'est parce qu'elles sont trop enfermées dans l'étroitesse de leur foi spéciale qu'elles se sont refusées à l'étude de cette vénérable tradition, de cette superbe doctrine d'où est née la Synarchie.

Il faut ajouter, cependant, à leur décharge, combien cette étude était difficile et pourquoi. C'est volontairement que Saint-Yves a laissé tomber sur l'ésotérisme de sa doctrine un voile assez transparent pour les laborieux, mais suffisant encore pour décourager les moins persévérants. C'est volontairement et avec raison.

L'abondance, la facilité des phénomènes relatifs à l'invisible, survenant à notre époque au milieu du scepticisme religieux le plus général, ont faussé complètement les notions exactes sur les sciences occultes. Les désirs naturels de la foi, qui ne trouvaient plus à se satisfaire, se sont portés avec plus d'ardeur que de discernement vers toutes les manifestations de l'invisible;

on a cru pouvoir les assimiler toutes à celles infiniment plus rares de la théurgie, domaine exclusif de la religion, en dehors duquel tout est malsain ou dangereux.

Avec une facilité trop souvent encouragée par les directeurs de ces mouvements, on a pensé, on a cru, comme on le désirait, qu'il suffit de se fier, soit à ces manifestations équivoques, soit aux doctrines qui leur correspondaient, ou même à des religions étrangères mal comprises ou imparfaitement interprétées, pour s'en trouver relevé sans effort et sans étude, à la hauteur des spiritualités les plus raffinées. Et par là même la voie s'est trouvée fermée à beaucoup d'esprits excellents vers la religiosité véritable qui demande autant de science que de luttes intérieures.

En fait, la plupart des manifestations de l'Occultisme, surtout parmi les plus faciles, ne sont que des illusions périlleuses ; nul de ceux qui ont pu en pousser l'étude ou l'observation assez loin ne démentira cette assertion ; c'est un devoir de la proclamer le plus haut et le plus souvent possible au milieu des occultistes et dans l'intérêt même de leurs aspirations ou de leurs études afin qu'ils y apportent l'attention, la prudence et la persévérance nécessaires.

Saint-Yves, initié de bonne heure à ces hautes sciences que son intelligence exceptionnelle avait approfondies avec toute la hardiesse et le génie qui lui étaient propres, savait plus que qui que ce soit ce qui pouvait en être révélé, et dans quelles conditions. C'est pour-

quoi il dit dans *Jeanne d'Arc* (p. 20) : « Quant aux
« questions concernant les Sciences et les arts renfer-
« més dans les mystères de la triple révélation, notre
« réponse ne saurait varier : Qui les possède les garde
« et n'en doit au dehors que les seuls résultats d'utilité
« publique. »

Il disait de lui-même : « Si je publiais ce que je
« sais, sans réserve, la moitié de Paris en deviendrait
« folle et l'autre moitié hystérique. »

Telle est la cause de son extrême réserve ; il ne l'a
point poussée, cependant, plus loin qu'il n'était nécessaire ; on a vu comment le simple rapprochement de
divers passages laisse apparaître la doctrine tradition-
nelle sur laquelle il se fondait et qui doit être à la base
de toute étude sérieuse de l'Occultisme.

On a reproché à Saint-Yves de n'avoir pas formé de
disciples : sa mission n'était pas là et elle était bien
suffisante pour absorber tous ses soins ; elle ne pouvait
lui laisser aucun moment pour un apostolat si exclusif
lui-même de toute autre occupation. Il s'en explique,
du reste, au même passage de *Jeanne d'Arc*, en termes
bons à méditer :

« Parmi les jeunes gens, tous croyant aller aux sour-
« ces de l'Inconnu, les uns se sont lancés vers la Théo-
« sophie des Kabbalistes, les autres vers celle des
« Bouddhistes, ceux-ci vers la Théosophie de Saint-
« Martin, ceux-là vers celle de l'Encyclopédie maçon-
« nique représentée par Fabre d'Olivet.

« Tous ces courants sont bienfaisants, à mon avis, et
« nous sommes loin de partager les appréhensions qui
« nous sont souvent manifestées à ce sujet.

« Nous avons traversé nous-même cette nostalgie
« d'investigation, il y a de nombreuses années; et le
« seul danger qu'elle présente est un danger personnel
« et non public.

« En dehors de nos livres, où chacun est bien venu
« de tirer ce que bon lui semble, nous n'avons voulu
« exercer aucune action directe sur ces mouvements,
« ni rien leur livrer personnellement, n'ayant qualité
« d'exercer notre discipline assez dure que sur nous-
« mêmes. »

A l'égard du public étranger à l'occultisme, il faut peut-être reconnaître que Saint-Yves, plus poète encore que savant, ne s'est pas assez plié aux nécessités de son temps. C'est dans ce sens qu'on lui a reproché, dans le monde savant, de n'avoir pas appuyé ses assertions de citations suffisantes, alors qu'il avait si longtemps et si profondément remué la poussière des bibliothèques.

Oubliant trop volontiers combien nous sommes loin du siècle des bardes, il a voulu nous donner ses enseignements, et non des moindres, sous la forme de l'épopée. C'est un genre qui ne peut réussir qu'autant qu'il traduit dans le langage de l'harmonie des sentiments inscrits déjà dans tous les cœurs par une foi vivante ; quel talent extraordinaire n'eût-il pas fallu pour le faire accepter seulement dans une doctrine inconnue et mystérieuse ? Et quels loisirs pouvait avoir Saint-Yves pour cultiver un talent pareil, quel que fût son génie ? Il faut être Gœthe ou Hegel ; c'est trop demander que de vouloir être l'un et l'autre.

Une seconde illusion de son génie a été de croire que des vérités aussi profondes que celles dont il se faisait l'apôtre pussent être aussi facilement assimilables pour d'autres que pour lui, et pussent soulever tous les enthousiasmes, malgré les réticences mêmes dont il se croyait obligé de les envelopper. Il ne songeait guère qu'à réchauffer et à rassembler les convictions sur lesquelles il comptait, alors qu'une longue persévérance était nécessaire pour les faire naître seulement. Il pensait n'avoir qu'à entraîner et commander déjà là où il n'aurait dû compter que sur le labeur ingrat d'un apostolat à son début.

Il est vrai qu'il tenta d'aborder le public, mais par l'effet de la même foi dans la puissance de sa Cause, il eût l'imprudence de la confier précisément à ces gouvernants contre la partialité desquels il avait dirigé tous les efforts de sa vie : on a vu avec quelle facilité ils l'étouffèrent sous l'honneur banal d'une pétition aux Chambres. Comment Saint-Yves put-il oublier à ce point l'exemple qu'il nous a si bien décrit d'Abraham présentant Sarah au pharaon d'Égypte ! N'avait-il pas dit, d'après Abimelech, à propos de la présentation de cette néo-synthèse aux gouvernements politiques :

« Souvenez-vous que vous avez été prise : Vous êtes
« la Vérité, mais vous ne vous montrerez pas, car autre-
« ment, comme vous êtes l'Autorité et que je suis le
« Pouvoir qui vous a prise et subjuguée, vous remon-
« teriez à votre rang dans l'Ordre social et je redescen-
« drais au mien ? » (*Mission des Juifs*, p. 368.)

Ce n'était pas dans la foule agitée des politiciens qu'il fallait présenter le drapeau de la Synarchie ; il fallait le maintenir là où *la Mission des Souverains* l'avait planté si fièrement et si justement, en dehors et au-dessus de tous les partis, de tous les intérêts, afin qu'il lui fût possible de les rallier tous dans les hauteurs dont il descend.

Seulement, et c'est là surtout ce qu'il faut dire pour justifier Saint-Yves, la défense de cette bannière céleste devenait une œuvre longue et laborieuse à laquelle la vie d'un homme ne pouvait suffire, quelle que fût la puissance de son génie, surtout après que cette vie était si remplie déjà par l'élaboration d'une œuvre aussi grande, aussi difficile, aussi nouvelle que celle des *Missions*. C'était tant déjà que de les avoir posées aussi magistralement !

Mais ce que Saint-Yves n'a pas pu, ne pouvait pas réaliser, c'est à ses amis, c'est à ses partisans, c'est à ses disciples de l'accomplir. Ce n'est pas seulement pour eux un devoir de reconnaissance ou d'affection ; ce n'est pas seulement la meilleure manière d'honorer ici-bas la mémoire de celui qu'ils admirent, et d'assurer dans l'invisible la juste récompense de ses efforts ; c'est aussi et surtout un devoir de dévouement et de piété religieuse qu'ils contractent envers l'Humanité du moment qu'ils ont assenti aux magnifiques préceptes de ce grand Maître.

Nous n'hésiterons pas, j'en suis convaincu, à suivre le bel exemple que nous donnent encore aujourd'hui les disciples de Fourier, de Proudhom, de Comte en faisant honneur de toutes leurs forces aux doctrines qui leur ont été transmises. Comme eux, nous, les disciples de Saint-Yves, nous accepterons sans hésiter ce noble héritage si supérieur à celui qu'ils ont reçu, puisque le nôtre remonte aux origines mêmes de l'Humanité qui n'a cessé de l'enrichir par la Science et la Vertu de ses dépositaires ; plus que qui que ce soit, nous pourrons être fiers de nous constituer les apôtres de la Synarchie.

La tâche sera longue et difficile, mais le temps nous appartiendra si j'ai le bonheur d'être entendu des jeunes auxquels je m'adresse particulièrement ici, parce qu'ils sont encore étrangers aux divergences que les difficultés de notre temps ont créées entre nous et qu'avec l'enthousiasme de leur printemps, ils peuvent avancer dans la voie que nous, contemporains de Saint-Yves, nous avons eu la difficulté de déblayer à son exemple.

Il ne m'appartient pas de dresser le programme des travaux nécessaires à cette belle entreprise ; il demande beaucoup de prudence et de réflexion; je ne puis cependant mieux terminer cet appel, que je voudrais plus chaleureux encore, aux amis de Saint-Yves, sans le citer lui-même une dernière fois, sur cet apostolat prévu dès ses débuts.

Il est clair, en effet, que deux travaux essentiels s'y imposent avant tout: En haut, la diffusion, l'éclaircissement des principes de la Synarchie, jusqu'à leur source première, en vue du rétablissement des quatre ordres de Science si bien définis dans *la Mission des Juifs*.

En bas, la démonstration publique des heureux effets de la Synarchie par une critique incessante, inspirée par ses principes, des faits politiques et sociaux de tous les jours.

Ce double effort, Saint-Yves l'annonçait en ces termes dans la première de ses œuvres capitales, *la Mission des Souverains:*

« De même que, dans les périodes de l'Universelle
« Église, des Ordres nouveaux sont venus, à leur heure,
« répondre à de nouveaux besoins sociaux, de même
« aussi, entre les conservateurs et les révolutionnai-
« res européens, l'*Ordre des Synarchistes* devra plan-
« ter son drapeau d'arbitrage et de paix sociale. »

« *Ses organes de propagande seront, dans chaque*
« *pays,* un *journal* et une *revue* ayant pour titre: *la*
« *Synarchie Nationale.* »

Voilà le Testament qu'il a laissé à ceux qui l'aiment

et veulent le suivre : un journal et une revue. Il pensait les étendre à toutes les nations de l'Europe ; nous n'en sommes pas encore là ; mais nous avons du moins pour en commencer la réalisation une force inconnue aux disciples de toute autre école : c'est la certitude que Saint-Yves sera toujours avec nous, pour nous inspirer et nous guider dans l'accomplissement de sa tâche si nous savons nous en montrer les dignes héritiers [1].

1. Cette assertion doit être nettement spécifiée : il ne s'agit pas ici d'une allusion aux procédés spirites de communication avec l'âme des morts, mais d'une présence mentale. J'ai même les motifs les plus sérieux, et par conséquent le devoir d'affirmer que l'âme de Saint-Yves repose en paix dans une région qui nous est inaccessible, et que toute évocation de cette âme, profanation véritable selon ses propres théories, aurait surtout pour effet de troubler dangereusement celle de l'évocateur.

BIBLIOGRAPHIE

Les Clefs de l'Orient.
Le Testament lyrique.
Le Mystère du progrès. *Didier et Dantu*, 1 vol. in-12, 18, 2ᵉ édition, 1878.
De l'Utilité des Algues marines. Brochure in-8°, *Berthier*, 1879.
Mission des Souverains. *Dentu*, 1882, 1 vol., grand in-8°.
Mission actuelle des ouvriers. *Dentu*, 1882, 1 vol. in-8° (brochure), 2ᵉ édition, 1884. *Calman Lévy*.
Mission des Juifs. *Calman Lévy*, 1884, 1 vol., grand in-8°.
Vœux du Syndicat de la Presse économique, 1887.
La France Vraie (Mission de la France), 2 volumes in-12. *Calman Lévy*, 1887.
Le Poème de la Reine. *Lahure*, 1889, brochure in-8°.
Maternité royale et mariages royaux, 1889, brochure in-8°.
L'Empereur Alexandre, 1889, brochure in-8°.
Le Centenaire de 1789 et sa conclusion. Chamerot, 1889.

Jeanne d'Arc victorieuse, 1 vol. in-8°. *Sauvaître*, 1890.
Souvenir du jeudi 20 septembre 1900.
Brevet de l'Archéomètre. Brochure in-8°, 1903.

Œuvres Posthumes

La théogonie des Patriarches, in-4°, 1909. *Librairie Hermétique.*
La Mission de l'Inde, 1 vol. in-8°. *Librairie Hermétique*, 1910.

TABLE DES MATIÈRES

	Pages.
Introduction	1
L'Homme	7
L'Œuvre	37
La Mission des Souverains	44
La Mission des Ouvriers	58
La Mission des Juifs	63
La France Vraie	90
Jeanne d'Arc victorieuse	110
La Doctrine	129
Conclusion	203
Bibliographie	217

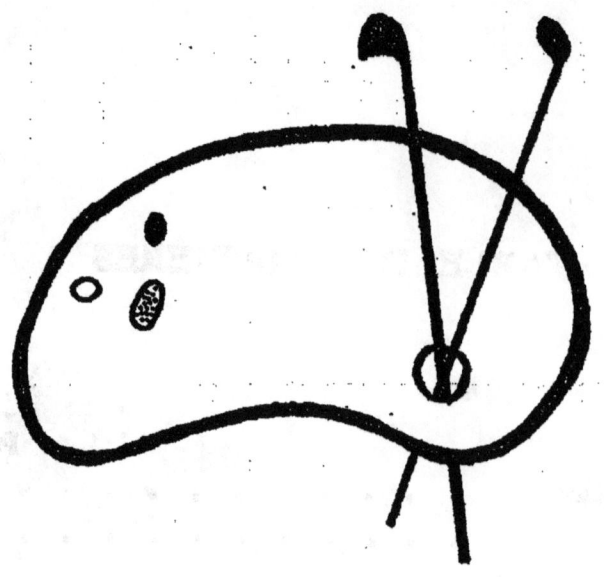

ORIGINAL EN COULEUR
NF Z 43-120-8

n/pod-product-compliance